水戸斉昭の『偕楽園記』碑文

水戸の碑文シリーズ 5

安見隆雄著

水戸史学会

錦正社

「偕楽園記」碑の拓本（茨城県偕楽園事務所蔵）

「巧詐不如拙誠」の額

偕楽園内に建つ碑石

待合内の様子（右から「茶説」・「茶対」・「巧詐」の額）

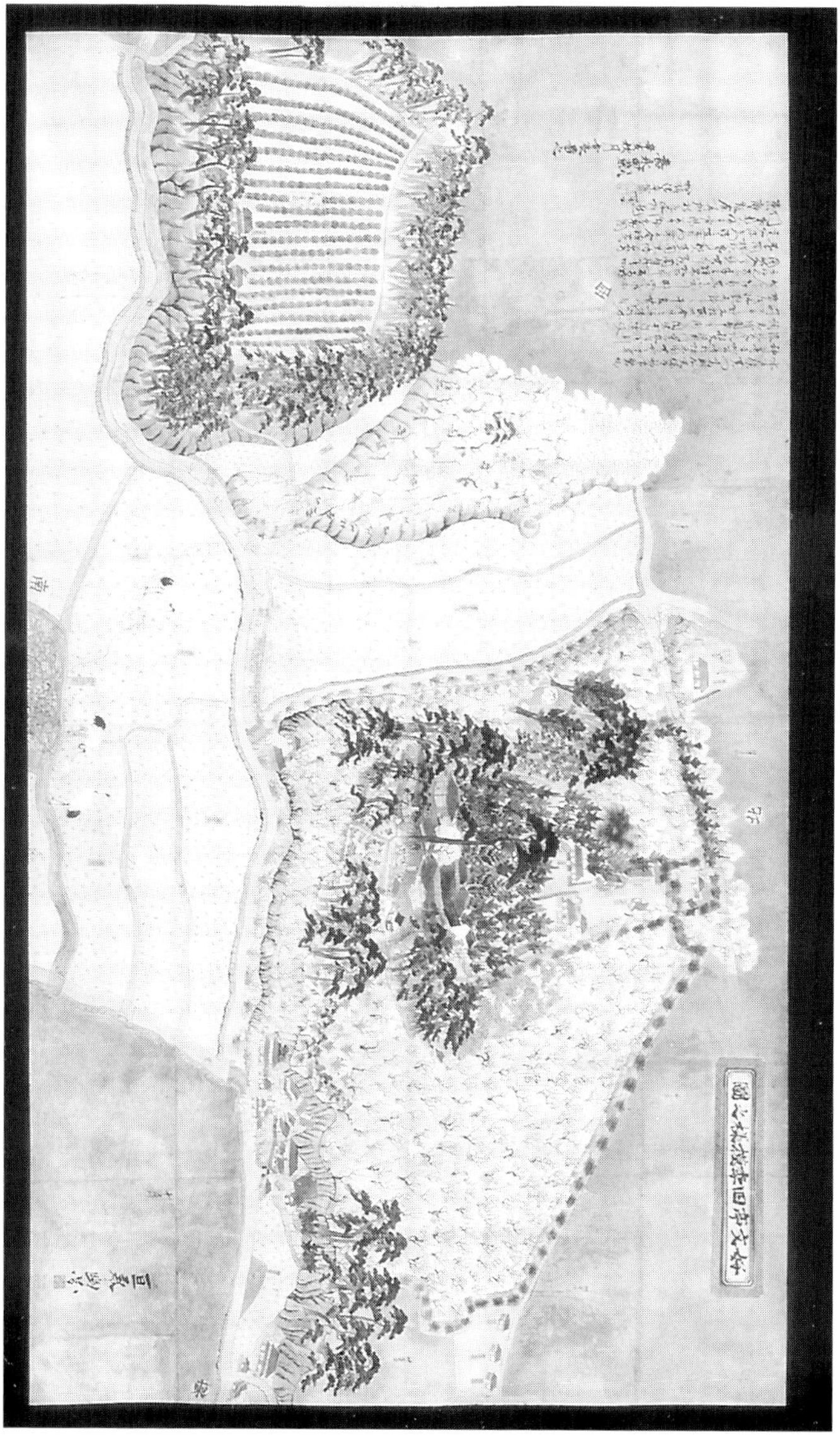

「好文亭四季模様之図」亘《わたり》䙴幽《せんゆう》筆（幕末と明治の博物館蔵）

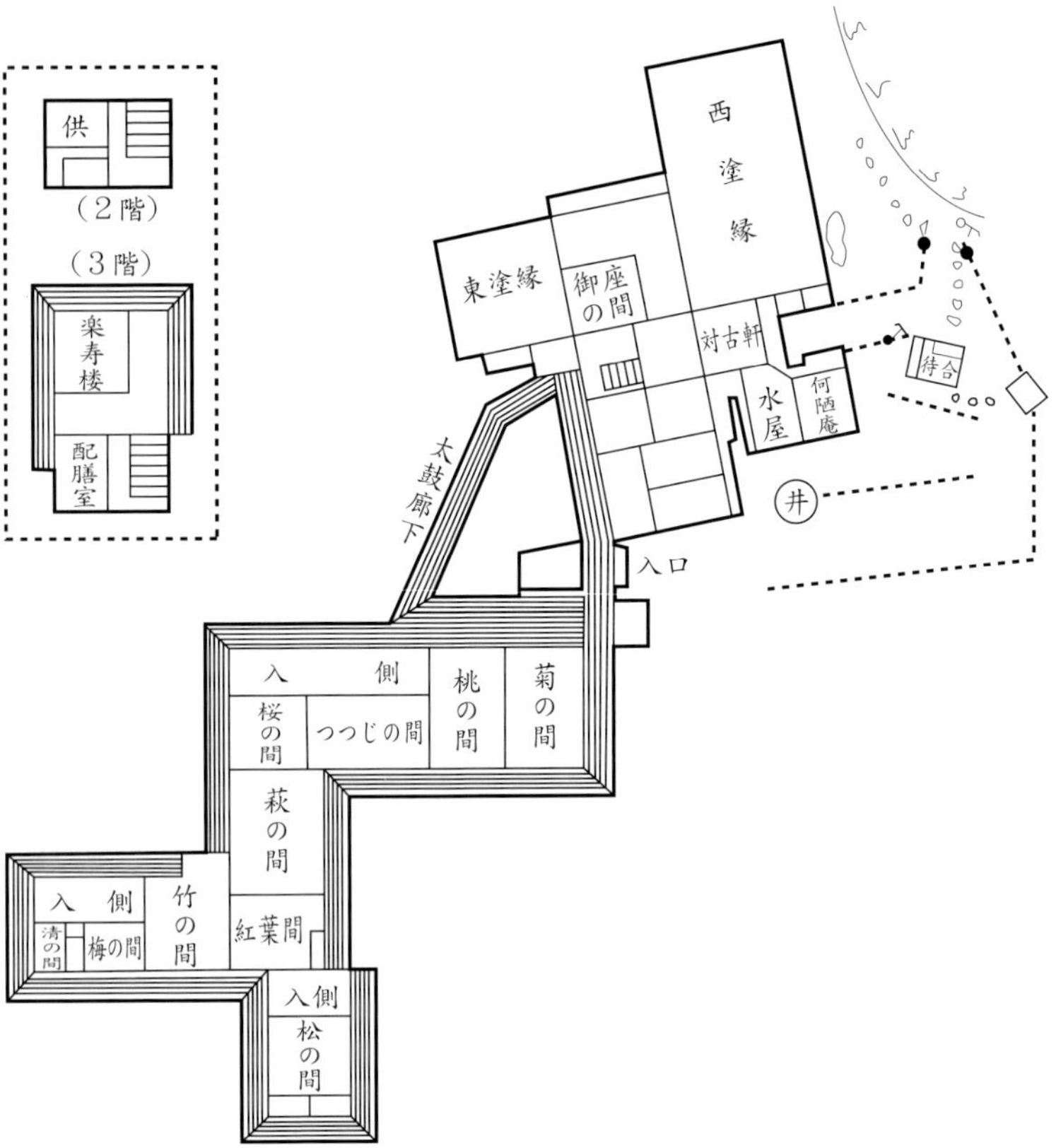

「好文亭見取図」（茨城県偕楽園事務所蔵）

はじめに

厳しい冬の寒さを凌《しの》ぎ、天下の草木に先駆《さきが》けて、真っ先に咲きだす梅の花。庭先からほのかに漂《ただよ》うその香りは、人々に春の到来を体感させる。

日本三名園の一つにあげられ、梅の公園として知られる偕楽園《かいらくえん》は、立春を過ぎ、梅花の便りが聞かれるころから、この園を訪れ、梅を愛《め》でる人々が増える。

偕楽園は、水戸九代藩主徳川斉昭《なりあき》（烈公《れっこう》）によって、「衆《しゅう》と偕《とも》に楽《たの》しむ」という趣旨で天保十三年（一八四二）七月一日に開園された。そして斉昭が治世・文教政策の一環として造園した偕楽園の趣意をみずから書き表したのがこの『偕楽園記《かいらくえんのき》』である。

同じころ創建された藩校「弘道館」の『弘道館記《こうどうかんのき》』は、早くより天下に知られ、その教育の理念は幕末期の風教《ふうきょう》を維持し、明治維新の達成に大きく貢献した。その解説書も数多く、すでにこの『シリーズ2』でも印刷に付されている。一方この『偕楽園記』は諸書にも引かれ、紹介はされてはいるものの、なぜか適切な解説書は余り見当たらない。そこに本書刊行の意義があり、この書がその欠を補うことができれば幸いである。

この『偕楽園記』は、簡潔ではあるが意味深遠なものがあり、斉昭の宇宙観や芸術観、為政者としての姿勢などを示して、大変興味深いものがある。

執筆にあたっては、平易をこころがけたが、内容が文雅高尚なだけにおのずから限度があるのもやむを得ないところである。

表記に当たっては、『偕楽園記』の書き下し文および引用史料は、歴史的仮名遣い、ルビと解説などは、当用漢字と現代仮名遣いを用いた。

なお、『偕楽園記』の碑は、中国秦代につくられた篆書《てんしょ》で書かれているため、碑石から直接、読み取ることは容易ではない。採用した原文は茨城県偕楽園事務所蔵の拓本縮小版によった。判読に際しては、『水戸藩史料』、『水戸市史』、茨城県立歴史館所蔵の史料などを参考にしたが、諸書により多少の文字の異同がみられた。

付録に、本会顧問、照沼好文氏提供による貴重な英文関係の史料を附載することができた。同氏のご好意に感謝申し上げる。

水戸の碑文シリーズ5

水戸斉昭の『偕楽園記』碑文＊目次

はじめに　1
第一章　『偕楽園記』の原文と書き下し文　7
第二章　『偕楽園記』の意訳と解説　22
第三章　偕楽園の造営と『偕楽園記』の撰文　55
一　斉昭と藩政改革　55
二　偕楽園の計画と経過　58
三　偕楽園記の撰文　64
第四章　偕楽園と好文亭　68
一　偕楽園の構成と入園規定　68

二　好文亭の趣向と養老の会　72
第五章　茶室「何陋庵」と斉昭の茶道観　74
第六章　斉昭と茶道　85
第七章　その後の偕楽園　90
おわりに　93
〔付録〕英訳文　110
Ⅰ「徳川斉昭」　照沼好文氏　108
Ⅱ「偕楽園」　ポンソンビ博士　103
Ⅲ『偕楽園記』　クレメント氏　101

第一章　『偕楽園記』の原文と書き下し文

〔原　文〕

天有㆓日月㆒、地有㆓山川㆒、
曲㆓成萬物㆒而不㆑遺。禽獣
草木、各保㆓其性命㆒者、

〔書き下し〕

天《てん》に日月《じつげつ》有《あ》り、地《ち》に山川《さんせん》有《あ》り、
万物《ばんぶつ》を曲成《きょくせい》して遺《のこ》さず。禽獣《きんじゅう》
草木《そうもく》、各々《おのおの》其《そ》の性命《せいめい》を保《たも》つものは、

以㆘一陰一陽成㆓其道㆒、
一寒一暑得㆗其宜㆖也。
譬㆓諸弓馬㆒焉。弓有㆓一
張一弛㆒而恒勁、馬有㆓一
馳一息㆒而恒健。弓無㆓一
弛㆒則必撓、馬無㆓一息㆒

一陰一陽《いちいんいちよう》其《そ》の道《みち》を成《な》し、
一寒一暑《いっかんいっしょ》其《そ》の宜《よろし》きを得《う》るを以《もっ》てなり。
諸《こ》れを弓馬《きゅうば》に譬《たと》ふ。弓《ゆみ》に一張一弛《いっちょういっし》ありて
恒《つね》に勁《つよ》く、馬《うま》に一馳一息《いっちいっそく》ありて
恒《つね》に健《すこ》やかなり。弓《ゆみ》に一弛《いっし》なければ、
則《すなわ》ち必《かなら》ず撓《たわ》み、馬《うま》に一息《いっそく》なければ、

則必殪。是自然之勢也。夫人者萬物之靈、而其所下以或爲二君子一、或爲中小人上者何也。在二其心之存與レ不レ存焉耳。

語曰性相近習相遠。習二

則《すなわ》ち必《かなら》ず殪《たお》る。是《こ》れ自然《しぜん》の勢《いきおい》なり。

夫《そ》れ人《ひと》は万物《ばんぶつ》の霊《れい》にして、其《そ》の或《あるい》は君子《くんし》となり、或は小人《しょうじん》となる所以《ゆえん》のものは何《なん》ぞや。其《そ》の心《こころ》の存《そん》すると存《そん》せざるとにあるのみ。

語《ご》に曰《いわ》く、性《せい》相《あい》近《ちか》く習《なら》ひ相《あい》遠《とお》しと。

於善一則爲二君子一、習二於不善一則爲二小人一。今以レ善者言レ之、擴二充四端一以修二其德一、優二游於六藝一以勤二其業一、是其習則相遠者也。然而其氣稟或

善《ぜん》に習《なら》ふときは、則《すなわ》ち君子《くんし》となり、不善《ふぜん》に習《なら》ふときは、則《すなわ》ち小人《しょうじん》となる。今《いま》、善《ぜん》を以《もっ》てこれを言《い》へば、四端《したん》を拡充《かくじゅう》して以《もっ》て其《そ》の徳《とく》を修《おさ》め、六芸《りくげい》に優游《ゆうゆう》して以《もっ》てその業《ぎょう》を勤《つと》む。是《こ》れ其《そ》の習《なら》ひは、則《すなわ》ち相遠《あいとお》きものなり。然《しか》れどもその気稟《きりん》、或《あるい》は斉《ひと》

不レ能レ齊。是以屈伸緩急相待、而全二其性命一者、與二夫萬物一何以異哉。故存レ心修レ德、養下其與二萬物一異者上、所下以率二其性一、而安レ形怡上レ神、養下其與二

しきこと能《あた》はず。是《これ》を以《もっ》て屈伸緩急《くっしんかんきゅう》相待《あいま》ちて、其《そ》の性命《せいめい》を全《まっと》うするものは、夫《か》の万物《ばんぶつ》と何《なに》を以《もっ》てか異《こと》ならんや。故《ゆえ》に心《こころ》を存《そん》して徳《とく》を修《おさ》め、其《そ》の万物《ばんぶつ》と異《こと》なる者《もの》を養《やしな》ふは、その性《せい》に率《したが》ひて、形《かたち》を安《やす》んじ神《しん》を怡《よろこ》ばしむる所以《ゆえん》、其《そ》の万物《ばんぶつ》と同《おな》じき者《もの》

萬物㆒同者㆖、所㆔以保㆓其
命㆒也。二者皆中㆓其節㆒、
可㆑謂㆓善養㆒。故曰苟得㆓其
養㆒、無㆓物不㆑長、苟失㆓
其養㆒、无㆓物不㆑消、是亦
自然之勢也。然則人亦

を養《やしな》ふは、其《そ》の命《めい》を保《たも》つ所以《ゆえん》なり。
二者《にしゃ》皆《みな》其《そ》の節《せつ》に中《あた》らば、善《よ》く養《やしな》ふと謂《い》ふ
べし。故《ゆえ》に曰《いわ》く苟《いやしく》も其《そ》の養《やしな》ひを得《う》れば、
物《もの》として長《ちょう》ぜざるは無《な》く、苟《いやしく》も其《そ》の養《やしな》
ひを失《うしな》へば、物《もの》として消《しょう》せざるは无《な》しと。
是《これ》も亦《また》自然《しぜん》の勢《いきおい》なり。然《しか》らば則《すなわ》ち人《ひと》も亦《また》

山河あり（全）

待望の名著復刊

正篇・続篇・続々篇の三点を一冊にして復刊。博士の祖国再興への熱い祈りが込められた名著。苦難のうちにこそ、人情の真実は見られる。

平泉澄著

定価2625円〔本体2500円〕

先哲を仰ぐ　普及版

代表的日本人の心と足跡を識り、その崇高な道を学ぼうという青年たちに贈る書！市村真一博士の解説を付して復刊。これ、正に〝平泉博士国体論抄〟とも称される大著。

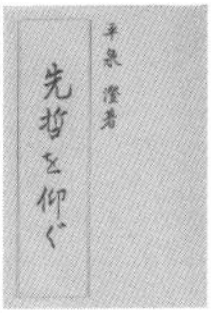

平泉澄著

定価3150円〔本体3000円〕

日本の悲劇と理想

注目の歴史書、待望の普及版！理想を掲げて戦い、敗れた悲劇はこれを嘆かない、然し敗れたが故に勝者が敗者に不正不義の烙印を押すことに、本書は断固抗議する。

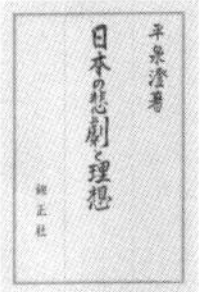

平泉澄著

定価1835円〔本体1748円〕

武士道の復活

平和を至上の価値として安逸を貪り利己最優先の風潮の蔓延るに任せては国家の真の安全はあり得ない。吾等当為の急務は日本精神の復活でなければならぬ。

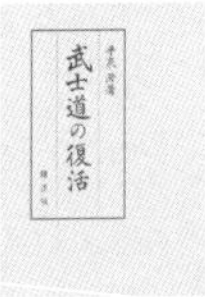

平泉澄著

定価3675円〔本体3500円〕

芭蕉の俤

歴史が成立つためには、現代人による認識理解共鳴同感を必要とする。蕪村は歴史を眺めた。芭蕉は歴史を呼吸した。芭蕉像の神髄を説く。

平泉澄著

定価2100円〔本体2000円〕

水戸の碑文シリーズ1（発行 水戸史学会・発売 錦正社）

栗田寛博士と『継往開来』の碑文

明治の碩学栗田寛博士の生涯についても述べた。

照沼好文著

定価1470円〔本体1400円〕

水戸の碑文シリーズ3（発行 水戸史学会・発売 錦正社）

水戸光圀の『梅里先生碑』

水戸光圀自身が後世に残すつもりで書き記され、この中に水戸光圀七十三年の生涯のエキスが詰め込まれている。

宮田正彦著

定価1260円〔本体1200円〕

水戸の碑文シリーズ4（発行 水戸史学会・発売 錦正社）

原伍軒と『菁莪遺徳碑』

水戸偕楽園に建つ原伍軒の顕彰碑の碑文によって水戸藩を代表する人物・原伍軒の生涯と業績を解説し、その歴史的位置を考察する。

久野勝弥著

定価1260円〔本体1200円〕

水戸の人物シリーズ6（発行 水戸史学会・発売 錦正社）

藤田東湖の生涯

藩政改革の傑人の実像に迫る！慶喜公に伝えられた義公以来の遺訓は幕府最後の土壇場で光を放ち日本を守る事ができた。

但野正弘著

定価1365円〔本体1300円〕

史跡めぐり

水戸八景碑

（発行 水戸史学会・発売 錦正社）

その地に立てば、烈公徳川齊昭の選定眼の確かさと詩心の豊かさとをしみじみ感じさせてくれる。

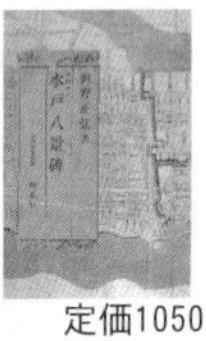

但野正弘著

定価1050円〔本体1000円〕

士風吟醸 〈傳統文化叢書一〉

◎味はひ深い人物論
士風を武士道の名において論じた先人の説を展開し、現代に先行する明治の代、士と呼ぶにたる人物の存在した時代を綴る。

村尾次郎著

定価2039円〔本体1942円〕

文武不岐 〈傳統文化叢書二〉

◎文武不岐の國日本
楠木正行・武田信玄・上杉謙信・豊臣秀吉・細川幽斎・山鹿素行・藤田東湖・井伊直弼らに大和魂を見る。

黒岩棠舟著

定価2243円〔本体2136円〕

鎮魂の賦 〈傳統文化叢書三〉

戦後五十年を憶ふ―神道受難
文化の基盤である言語の深い含蓄を子孫に傳える。歴史家は生死を超えた歴史に遊ぶ。生者に封すると同様故人・先哲と交わる。

村尾次郎著

定価2243円〔本体2136円〕

百人一詩 〈傳統文化叢書四〉

◎幻の書『日本百人一詩』の解説なる。平安朝より明治末年まで、立意正しく、格調整ひ、日本精神の遺憾なく発露せるもの、而も難解の嫌なく人心に入り易きもの百詩を収む。

遠藤鎮雄著

定価2243円〔本体2136円〕

日本の史眼 ―顯と幽との相關相即― 〈傳統文化叢書五〉

本書は、國史の「深層」と「眞相」を明らかにした「歴史哲学の書」である！

森田康之助著

定価3150円〔本体3000円〕

蘇れ真の日本

日本が奇跡の発展を遂げたのは日本古来の高尚な精神があったからであると指摘する。このような高尚な精神の源泉が天皇を心の拠り所とする精神生活であると喝破する。

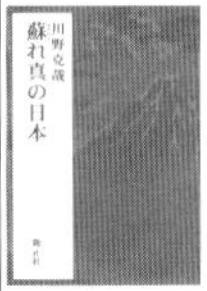

川野克哉著

定価2520円〔本体2400円〕

万葉への架け橋

万葉人の精神・心情に共鳴する著者が、万葉の時代とその社会を認識し、厳選された歌を通じて、万葉の世界における古代日本人の純粋にして豊かなる心を平易に綴る。

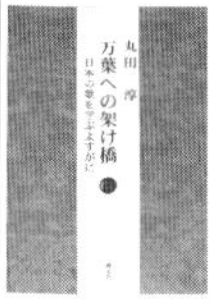

丸田淳著

定価2415円〔本体2300円〕

山鹿素行

江戸時代の儒学者・兵学者で武士道の権化とも称される山鹿素行を直系十三世の著者が、身内の者の著書を本として生立ちから晩年に至るまでの生涯と業績を記述。

山鹿光世著

定価2100円〔本体2000円〕

真珠湾 ―日米開戦の真相とルーズベルトの責任―

G・モーゲンスターン著
渡邉明訳

0円
0円〕

天皇法の研究

天皇法は憲法学上、最大の難関であり、安易な肯定や否定は学問的に国民的に共に許されない。然らば明治及び昭和の憲法はいかなる想見に於て天皇を規定しているか。天皇研究の最高峰。

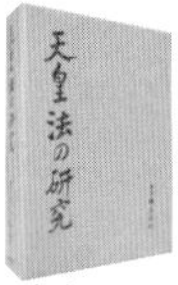

里見岸雄著

定価12233円〔本体11650円〕

萬世一系の天皇

国体学の最高権威里見博士の面目躍如たるものがある。仰ぐべきものは万世一系の天皇であり、尊ぶべきものは皇統連綿の日嗣ぎである。天皇論の教科書的名著。

里見岸雄著

定価3150円〔本体3000円〕

日蓮・その人と思想

本書は、著者が数十年研鑽の結晶で、後世不朽の一大文献である。日蓮主義はこの書により完全に近代化された。里見国体学・里見憲法学の哲学・思想的根拠の書！

里見岸雄著

定価3150円〔本体3000円〕

英完訳 啓発録 〈縮刷改訂版〉

日本文化を世界へ発信。世界各国で絶賛！明治維新の精神を伝える良書として海外日本研究者の絶賛を博した私家版『英完訳啓発録』を装いも新たに増補改訂した教養書。

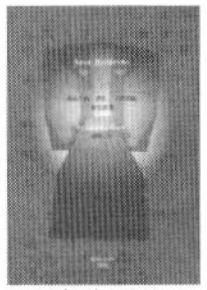

紺野大介訳

定価4200円〔本体4000円〕

英完訳 留魂録

日本をもっと知りたい諸外国の人々へ贈る！重い警鐘を現代日本人へ鳴らし続ける『留魂録』その英完訳本！

紺野大介訳

定価4200円〔本体4000円〕

大嘗祭即位禮 平成大禮要話

世界が注目・祝意の中、厳粛にまた盛大に執り行われた平成の即位礼・大嘗祭に御奉仕した著者が、その盛儀の大要を正確に記し、その真義を伝える貴重な資料。

鎌田純一著

定価2940円〔本体2800円〕

エピソードでつづる 昭憲皇太后

明治天皇の皇后で女子教育に尽力され日本女性の地位を高められた昭憲皇太后様をご誕生から崩御されるまでご聖徳を後世に伝える六十六のエピソードで綴る。

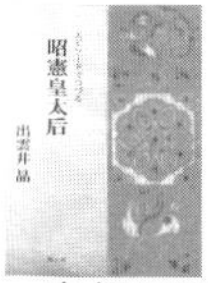

出雲井晶著

定価2100円〔本体2000円〕

日米不戰論 〈発行雅舎・発売錦正社〉

河村幹雄博士は、大正から昭和初期にかけて、指導的地位を占めた碩学で、戦前夙に「教育国難」を指摘して、警告を発し、憂国の至情を傾けて、その正常化に一生を捧げられた、偉大なる教育者である。

河村幹雄著

定価2100円〔本体2000円〕

建國の正史

森清人著

2円
3円〕

真の開戦責任は、ルーズベルトにあった!! 真珠湾の悲劇を正しく理解する貴重な記録。米国はズルズルと、戦争にはまっていったのではない。系統だった図式の進路に沿っていた。

定価31
〔本体30

國魂 愛国百人一首の解説

西内雅著

『愛国百人一首』は国民の愛誦した古歌を公募した歌集。神代から幕末までの歴史、詠歌者百人の人物像、詠われた歌詞の真意、の三者にこもっている日本の國魂をわかり易く説く。

定価2100円
〔本体2000円〕

業と精神が蘇る。

定価
〔本体

新版佐々介三郎宗淳

但野正弘著

水戸黄門の片腕の助さんこと佐々介三郎宗淳の実像を描いた初めての伝記。僧侶から武士へ……めざましい働きを追う。

定価3161円
〔本体3010円〕

他藩士の見た水戸

久野勝弥篇

常陸人を他藩士はどう見ていたか。遺された日記、見聞録等により時間を追って再現。古川古松軒／高山彦九郎／吉田松陰　ほか

定価2835円
〔本体2700円〕

©喪われた歴史を取り戻で
戦後の流行学説…紀年否定説が、いかに不完全なものであるかを説き、建国の正史を明らかにする。

定価6
〔本体5

〔御注文・お問合わせ〕
錦正社
〒一六二—〇〇四一
東京都新宿区早稲田鶴巻町五四四—六
電　話　〇三(五二六一)二八九一
FAX　〇三(五二六一)二八九二
http://www.kinseisha.jp/
(平成18・3)

義公が朝廷を深く崇敬したところに義公光圀の学問・精神があり、これによって興ったのがいはゆる水戸学である。本願が達成。

定価40
〔本体39

大日本史と扶桑拾葉集

梶山孝夫著

水戸藩が総力をあげて編纂した「大日本史」と「扶桑拾葉集」の今日的役割を明らかにする。どちらも汲めども尽きない巨大な学問。

定価3045円
〔本体2900円〕

北方領土探検史の新研究 その水戸藩との関はり

吉澤義一著

間宮林蔵、木村謙次、松浦武四郎の水戸藩とのつながりを考究し江戸(幕末)の日露交渉の真相に迫る。まずこの史実を識ること。

定価3570円
〔本体3400円〕

国学研究叢書

二宮尊徳の相馬仕法

岩崎敏夫著

天明、天保の凶作によって困窮しきった相馬藩が二宮仕法と呼ばれる富国安民の法を通して、みごとに復興したことを中心に、わかり易く解説。新しい尊徳像の確立をめざす書。

定価2100円
〔本体2000円〕

大壑平田篤胤傳

伊藤裕著

未発表の史料をも通して篤胤像の真実に迫る。新見にみちみちて他の追随を許さない。銕胤の御一代略記をところどころ修正する。これはまさに伝記文学の高峰と云える。

定価1029円
〔本体980円〕

やまと心 日本の精神史

森田康之助著

先賢先聖の精神に感奮興起するという感激を味わえる本。民族の伝統的こころの世界を史実を以てわかり易く説く。戦後教育の欠落を埋める書。

定価2957円
〔本体2816円〕

大嘗祭の今日的意義

岩井利夫著

最もわかりやすい大嘗祭の本。大嘗祭の本義を往時に徴し、近代を検証し多くの論議をも紹介しつつ、その重要性を明らかにする。図六葉を付す。

定価2835円
〔本体2700円〕

伴信友来翰集

大鹿久義著

宣長没後の門人で香川景樹らと共に「天保の四大家」と称えられる近世考証学派の泰斗・伴信友の学問・思想その人となりを窺う根本資料。巻末に、交友名列(抄)・文献一覧・索引を付す。

定価6300円
〔本体6000円〕

神とたましひ 国学思想の深化

藤井貞文著

ひとたび発した人間の意志というものは、簡単にまた容易に霧消し雲散するものではない。わが国の歴史上にその事実をみる。本書は歴史の書であり、かつまた神道の書でもある。

定価2936円
〔本体2796円〕

日本の正氣 尋古一葉抄

黒岩棠舟著

国民一人一人が忘れてはならない先賢の一語一句、そしてその史実を綴り更に今日を見る。狂態日本を救わん！ 本書は正に本居宣長の『馭戎慨言』(ぎょじゅうがいげん)現代版。

定価2621円
〔本体2496円〕

日本思想のかたち

森田康之助著

志士・仁人の運命とその行実が心を動かし魂を揺さぶる。わがくに民の歴史感覚を軸に歴史の意味をいかなる処に求め、先人はどういふことを感じとってきたか。

定価2854円
〔本体2718円〕

南朝史論考

平田俊春著

戦後歪められた南朝史に貴重な一石を投ずる書。後醍醐天皇の御理想と建武中興／後醍醐天皇討幕の御志の由来／土岐頼兼と正中の変／吉田定房と後醍醐天皇　ほか所収。

定価4893円
〔本体4660円〕

道家大門評伝

福田景門著

桜木に恋闕の至情をしるした、児島高徳の精神を生涯かけて守り継いだ国学者の姿を描く。児島高徳を顕彰してやまなかった幕末の文化人道家大門の伝記。

定価3780円
〔本体3600円〕

訳註報徳外記

堀井純二著

諸藩の危機を救い、立ち直らせた実績は多くの人々に語り継がれている。その二宮門下の逸材であり、尊徳翁の片腕・斎藤高行の『報徳外記』を書下し文にし、訳文に語義を付して収録。尊徳先生に学ぶ。

定価3150円
〔本体3000円〕

不レ可レ無二弛息一也固也。嗚呼孔子之與二曾點一、孟軻之稱二夏諺一、良有レ以也。果繇二此道一、則其弛息而安レ形怡レ神、將何時而可邪。必其吟二詠華晨一、飲二

弛息《しそく》無《な》かるべからざるや固《もと》よりなり。嗚呼《ああ》、孔子《こうし》の曾点《そうてん》に与《くみ》せる、孟軻《もうか》の夏諺《かげん》を称《しょう》する、良《まこと》に以《ゆえ》あるなり。果《はた》して此道《このみち》に繇《よ》らば、則《すなわ》ち其《そ》の弛息《しそく》して、形《かたち》を安《やす》んじ神《しん》を怡《よろこ》ばしめること、将《まさ》に何《い》時《ずれ》の時《とき》にして可《か》ならんや。必《かなら》ず其《そ》の華晨《かしん》

醼月夕一者、學レ文之餘也。
放二鷹田野一、驅二獸山谷一
者、講レ武之暇也。余嘗
就二吾藩一、跋二涉山川一、周二
視原野一。直二城西一有二闓
豁之地一。西望二筑峰一、南

に吟詠《ぎんえい》し、月夕《げっせき》に飲醼《いんえん》するは、文《ぶん》を学《まな》ぶの余《よ》なり。鷹《たか》を田野《でんや》に放《はな》ち、獣《けもの》を山谷《さんこく》に駆《か》るは、武《ぶ》を講《こう》ずるの暇《か》なり。余《よ》、嘗《かつ》て吾《わ》が藩《はん》に就《つ》き、山川《さんせん》を跋渉《ばっしょう》し、原野《げんや》を周《しゅう》視《し》す。城西《じょうさい》に直《あた》りて闓豁《かいかつ》の地《ち》有《あ》り。西《にし》は筑峰《ちくほう》を望《のぞ》み、南《みなみ》は

臨㆓僊湖㆒。凡城南之勝景、
皆集㆓一瞬之間㆒、遠巒遙
峰、尺寸千里、攢翠疊白、
四瞻如㆑一。而山以發㆓
育動植㆒、川以馴㆓擾飛潛㆒。
洵可㆑謂㆓知仁一趣之樂

僊湖《せんこ》に臨《のぞ》む。凡《およ》そ城南《じょうなん》の勝景《しょうけい》、
皆《みな》一瞬《いっしゅん》の間《かん》に集《あつ》まる。遠巒遥峰《えんらんようほう》、
尺寸千里《せきすんせんり》、攢翠疊白《さんすいじょうはく》、
四瞻一《しせんいつ》の如《ごと》し。而《しこう》して山《やま》は以《もっ》て動植《どうしょく》を発《はっ》
育《いく》し、川《かわ》は以《も》て飛潜《ひせん》を馴擾《じゅんじょう》す。
洵《まこと》に知仁一趣《ちじんいっしゅ》の楽郊《らくこう》といふべきなり。

郊一也。於レ是藝二梅樹數千株一、以表二魁春之地一。又作二二亭一、曰二好文一、曰二一遊一。非三啻以供二他日茇憩之所一。蓋亦欲レ使二國中之人有レ所二優游存養一焉。

是《ここ》に於《お》いて梅樹《ばいじゅ》数千株《すうせんかぶ》を芸《う》ゑ、以《もっ》て魁春《かいしゅん》の地《ち》を表《あらわ》す。又二亭《またにてい》を作《つく》り、好文《こうぶん》と曰《い》ひ、一遊《いちゆう》と曰《い》ふ。啻《ただ》に以《もっ》て他日茇憩《たじつばっけい》の所《ところ》に供《きょう》するのみに非《あら》ず。蓋《けだ》し亦国中《またこくちゅう》の人《ひと》をして、優游存養《ゆうゆうそんよう》する所《ところ》あらしめんと欲《ほっ》するなり。

國中之人苟體㆓吾心㆒、夙夜匪㆑懈、既能修㆓其德㆒、又能勤㆓其業㆒、時有㆓餘暇㆒也、乃親戚相携、朋友相伴、悠然逍㆓遙于二亭之閒㆒、或倡㆓酬詩歌㆒、或弄㆓

国中《こくちゅう》の人、苟《いやし》くも吾《わ》が心《こころ》を体《たい》し、夙夜《しゅくや》懈《おこた》らず、既《すで》に能《よ》くその徳《とく》を修《おさ》め、また能《よ》くその業《ぎょう》を勤《つと》め、時《とき》に余暇《よか》あるや、乃《すなわ》ち親戚相携《しんせきあいたずさ》へ、朋友相伴《ほうゆうあいとも》ひ、悠然《ゆうぜん》として二亭《にてい》の間《かん》に逍遥《しょうよう》し、或《あるい》は詩歌《しいか》を倡酬《しょうしゅう》し、或《あるい》は管弦《かんげん》を弄撫《ろうぶ》し、

憮管弦一、或展レ紙揮毫、
或坐レ石點レ茶、或傾二瓢
樽於花前一、或投二竹竿於
湖上一、唯從二意之所レ適、
而弛張乃得二其宜一焉。
是余與レ衆同レ樂乃意也。

或《あるい》は紙《かみ》を展《の》べて揮毫《きごう》し、
或《あるい》は石《いし》に坐《ざ》して茶《ちゃ》を点《てん》じ、或《あるい》は瓢樽《ひょうそん》を
花前《かぜん》に傾《かたむ》け、或《あるい》は竹竿《ちくかん》を湖上《こじょう》に投《とう》じ、
唯《ただ》意《い》の適《てき》する所《ところ》に従《したが》ひ、
而《しこう》して弛張《しちょう》乃《すなわ》ち其《そ》の宜《よろ》しきを得《え》ん。
是《こ》れ余《よ》が衆《しゅう》と楽《たのしみ》を同《おな》じくするの意《い》なり。

因命レ之曰二偕樂園一。
天保十年歳次二己亥一
夏五月建
景山撰幷書及題額

因《より》てこれに命《めい》じて偕楽園《かいらくえん》と曰《い》ふ。
天保《てんぽう》十年《じゅうねん》歳《ほし》は己亥《きがい》に次《やど》る
夏《なつ》五月建《た》つ
景山《けいざん》撰《せん》幷《なら》びに書《しょ》及《およ》び題額《だいがく》

禁條

一凡遊二園亭一者不レ許二
先レ卯而入後レ亥而去一。
一男女之別宜レ正。不レ
許三雜沓以亂二威儀一。
一沈醉譃暴及俗樂亦

禁《きん》條《じょう》

一《ひとつ》凡《およ》そ園亭《えんてい》に遊《あそ》ぶ者《もの》、卯《う》に先《さき》だちて入《い》り、
亥《い》に後《おく》れて去《さ》るを許《ゆる》さず。
一《ひとつ》男女《だんじょ》の別《べつ》、宜《よろ》しく正《ただ》すべし。
雑沓《ざっとう》以《もっ》て威儀《いぎ》を乱《みだ》すを許《ゆる》さず。
一《ひとつ》沈酔《ちんすい》譃暴《ぎゃくぼう》及《およ》び俗楽《ぞくがく》も亦《また》

宜レ禁。

一園中不レ許下折二梅枝一

採中梅實上。

一園中不レ許二無レ病者

乘一レ轎。

一漁獵有レ禁不レ許レ踰レ制。

宜《よろ》しく禁《きん》ずべし。

一園中《ひとつえんちゅう》、梅枝《ばいし》を折《お》り

梅実《ばいじつ》を採《と》るを許《ゆる》さず。

一園中《ひとつえんちゅう》、病《やまい》なき者《もの》は、

轎《かご》に乗《の》るを許《ゆる》さず。

一漁猟《ひとつぎょりょう》、禁有《きんあ》り、制《せい》を踰《こ》ゆるを許《ゆる》さず。

第二章　『偕楽園記』の意訳と解説

偕《かい》楽《らく》園《えん》記《のき》

天《てん》に日月《じつげつ》有《あ》り、地《ち》に山川《さんせん》有《あ》り、万物《ばんぶつ》を曲成《きょくせい》して遺《のこ》さず。

【意訳】

「天上には太陽や月があり、地上には山や川があり、万物すなわち天地間のすべてのものをことごとく完全に備わるように、ひとつものこさずつくりあげた。」

【語釈】

「万物《ばんぶつ》を曲成《きょくせい》して」＝天地間のすべてのものを曲（つぶさ）に完成して余すところがない。易の道にもとづき陰陽の二気の神妙なはたらきによって天地万物が創造された。

「曲成」＝陰陽の変化に乗じ、物に応じて、つぶさに一つ一つにつくりあげること。

【解説】

○『易経《えききょう》』繋辞上伝《けいじじょうでん》に「天地《てんち》の化《か》を範囲《はんい》して過《す》ぎしめず、万物《ばんぶつ》を曲成《きょくせい》して遺《のこ》さず、昼夜《ちゅうや》の道《みち》を通《つう》じて知《し》る。故《ゆえ》に神《しん》は方《ほう》なくして易《えき》は体《たい》なし。」（原漢文。以下同じ）とある。その意味は、

「易は天地造化《てんちぞうか》の妙用《みょうよう》を一定の型と囲いにおさめて度をすごさせず、万物を曲《つぶさ》に完成して余すところがなく、昼夜の道すなわち陰陽《いんよう》・幽明《ゆうめい》・死生《しせい》・鬼神《きじん》の道を通じて知りわきまえる。だからこの陰陽の神妙なはたらきは、一方一処にとどこおることなくして円通《えんつう》し、そのはたらきを内に蔵する易の変化にも一定の型体というものはないのである。」ということである。（『易経』高田真治・後藤基巳訳。岩波文庫。以下同じ）

○江戸時代の学問は、儒教《じゅきょう》をもって中心に据《す》え、人々は中国の古典、いわゆる「四書五経《ししょごきょう》」を教本として幼少より学んでいた。したがってその儒教的教養が当時の識者の共通した知識として存在していたので、この『偕楽園記』なども現代人に比べて比較的容易に理解できたことと思われる。

そこで展開されている宇宙観・自然観・人間観は、『易経《えききょう》』（周易《しゅうえき》）などに説かれている陰陽《いんよう》・五行《ごぎょう》の哲理《てつり》にもとづくものであった。そのため『偕楽園記』を理解するためには、これらの考え方を理解する必要がある。

その陰陽説《いんようせつ》によれば、宇宙の生成を、混沌《こんとん》（太極《たいきょく》）から「陽《よう》」と「陰《いん》」二つのエネルギー（両極・気）が生まれ、それぞれがまた二つに分かれて東西南北や春夏秋冬といった四つの現象（四象《ししょう》）になり、さらに分化して森羅万象《しんらばんしょう》の八つを形づくった（八卦《はっけ》）と考えるのがその原則である。

言い換えれば、それを支配し運行させるものが、「易《えき》」または「道《みち》」というものである。その陰陽の神妙なはたらきによって、天地の間にある万物が生まれ、陰陽の消長の原理により太陽や月の運行が行われる。またその道のはたらきは、四季の循環、昼夜の別、万物の死生にいたるまで、すべてをつかさどっているとするものである。

○一般に易《えき》とは、『易経』の説くところにもとづいて、算木《さんぎ》と筮竹《ぜいちく》とを用いて吉凶《きっきょう》の判断をする占法《せんぽう》（うらない）のことをいい、中国に古くから始まったものである。

この卦《け》とは、易で算木《さんぎ》に現れる形象《けいしょう》をいい、これによって天地間の変化を表《あらわ》し吉《きっ》凶《きょう》の判断をする。八卦《はっけ》を基本とし、さらに六十四卦の変化を生ずる。「弘道館」の八卦堂の軒にはそれぞれ八卦が標記されている。

禽獣草木《きんじゅうそうもく》、各々其《おのおのそ》の性命《せいめい》を保《たも》つものは、一陰一陽其《いちいんいちようそ》の道《みち》を成《な》し、一寒一暑其《いっかんいっしょそ》の宜《よろし》きを得《う》るを以《もっ》てなり。

【意訳】

「鳥や獣、草や木がそれぞれの性命を保っているのは、あるいは陰となり、あるいは陽となって、性命を保つ道を形成し、ある時は寒く、ある時は暑く、自然現象が適切に行われている結果である。」

【語釈】

「性命《せいめい》」＝万物がもっている天から受けたもちまえの性質。「性」は天より受けた性質、柔剛（やさしい、つよい）遅速（おそい、はやい）の区別があるようなもの。「命」は天より受けた運命、貴賤《きせん》（とうとい、いやしい）夭寿《ようじゅ》（わかじにしたり、長生きしたり）の区別があるようなもの。

「一陰一陽《いちいんいちよう》」＝あるいは陰となり、あるいは陽となって。

「一寒一暑《いっかんいっしょ》」＝ある時は寒く、ある時は暑く。

【解説】

○『易経《えききょう》』乾《けん》に「乾道変化《けんどうへんか》し、各々其性命《おのおのそのせいめい》を正《ただ》す」とある。その意味は、「万《よろず》のものは乾道《けんどう》をもととして始められる。乾道《けんどう》によって天道《てんどう》の始終《しじゅう》が呈示《ていじ》される。また乾道は刻々変化するが、その変化に応じて万物（動植物も人間も）は天から与えられたそれぞれの性命を正しく実現し、大自然の調和を保有《ほゆう》し和合《わごう》する。」というものである。乾《けん》・坤《こん》とは、易《えき》で陽《よう》をあらわす乾《けん》の卦《け》と、陰《いん》をあらわす坤《こん》の卦《け》をいう。

○『易経《えききょう》』繋辞上伝《けいじじょうでん》に「一陰一陽《いちいんいちよう》、これを道《みち》と謂《い》う、之《これ》を継《つ》ぐ者《もの》は善《ぜん》なり、これを成《な》すものは性《せい》なり。」とある。その意味は、「あるいは陰となり、あるいは陽となって無窮《むきゅう》の変化をくりかえすはたらき、これが道とよばれる。その道のはたらきを受け継ぐ人間的努力が善《ぜん》であり、その善が人間において完成され成就《じょうじゅ》されるものが性《せい》である。」ということ。

○『易経《えききょう》』繋辞上伝《けいじじょうでん》に「天は尊く地は卑《いや》くして、乾坤定《けんこんさだ》まる。（中略）日月運行《にちげつうんこう》して、一《ひと》たびは寒《さむ》く、一《ひと》たびは暑《あつ》し（一寒一暑）。」とある。その意味は、「天は高くして尊く、地は低くして卑《いや》いという事実にのっとって、易の基幹《きかん》ともいうべき乾《けん》・坤《こん》の二卦《け》が定立《ていりつ》される。（中略）さらに日《ひ》（離《り》）と月《つき》（坎《かん》）の運行によって、あるいは冬の寒さを生じ、あるいは夏の暑さを生ずるのである。」というのである。

諸《こ》れを弓馬《きゅうば》に譬《たと》ふ。弓《ゆみ》に一張一弛《いっちょういっし》ありて恒《つね》に勁《つよ》く、馬《うま》に一馳一息《いっちいっそく》ありて恒《つね》に健《すこ》やかなり。弓《ゆみ》に一弛《いっし》なければ、則《すなわ》ち必《かなら》ず撓《たわ》み、馬《うま》に一息《いっそく》なければ、則《すなわ》ち必《かなら》ず殪《たお》る。是《こ》れ自《し》然《ぜん》の勢《いきおい》なり。

【意訳】

「これを弓や馬にたとえてみよう。弓は弦《つる》（糸）を張りつめる時とゆるめる時があるから、常に強い弓であり、馬も全力で走る時と一息いれて休ませる時があるから、常に元気でたくましい馬なのである。したがって弓にゆるむ時がなければ必ずゆがんでしまい、馬も一息いれさせなければ、やがて倒れてしまう。これは自然のなりゆきである。」

【語釈】

「一張一弛《いっちょういっし》」＝(弓の)弦をはったり、ゆるめたりすること。
「一馳一息《いっちいっそく》」＝(馬を)走らせたり、休ませたりすること。
「殪《たお》る」＝息がつまって死ぬ。はたとたおれる。

【解説】

○『礼記《らいき》』雑記《ざっき》に「張《は》りて弛《ゆる》めず、文武《ぶんぶ》、能《よ》くせざるなり。弛《ゆる》めて張《は》らず、文武《ぶんぶ》、爲《な》さざるなり、一張一弛《いっちょういっし》は文武の道なり。」とある。その意味は、「文王・武王は、民を勤労させるばかりで、休息させないようなことはしなかった。また民を休息させるだけのようなこともしなかった。勤労させたり休息させたりして民を治めたのが、文王・武王の政治であった。」ということ。「文武」とは、周《しゅう》の文王《ぶんのう》・武王《ぶおう》のことで、中国の聖王《せいおう》と称された。

この「一張一弛《いっちょういっし》」が、『偕楽園記』のキーワードになっている。そして「文王《ぶんのう》・

武王《ぶおう》」の政治は、同時に斉昭の理想とする政治の姿でもあり、勤労と休息を適切におこなうことが治世の要点であるとした。それをもっとも具体化したものが、弘道館（一張）と偕楽園（一弛）の創設であった。

夫《そ》れ人《ひと》は万物《ばんぶつ》の霊《れい》にして、其《そ》の或《あるい》は君子《くんし》となり、或《あるい》は小人《しょうじん》となる所以《ゆえん》のものは、何《なん》ぞや。其《そ》の心《こころ》の存《そん》すると存《そん》せざるとにあるのみ。

【意訳】

「そもそも人は万物の霊長であるのに、ある人は君子となり、ある人は小人となるのはどうしてなのか。それはその心を存するか、存しないかによるのみである。」

【語釈】

「万物《ばんぶつ》の霊《れい》」＝人は万物のなかでも霊妙《れいみょう》・不思議《ふしぎ》な力を持つすぐれたものである。

「君子《くんし》」＝人格者、才徳高い人。

「小人《しょうじん》」＝徳がなく、よこしまな人。

「心《こころ》を存《そん》す」＝本心を失わないこと。天から与えられた善なる心を維持すること。

【解説】

○『書経《しょきょう》』秦誓《しんせい》に「これ天地は万物の父母なり。これ人は万物の霊なり」とある。「天地は万物の父母である。天地自然が万物を生じ育てることにより、人はできたのである。天地は大父母、父母は小父母のようなものである。天地万物の中でも特に人は霊妙不思議なものである。」という意味である。

○『孟子《もうし》』尽心《じんしん》上句、第一章に「其の心を存し、其の性を養ふは、天に事《つか》ふる所以なり。」とある。その意味は、

「人の心は常に出たり入ったりして不安定なものであるので、必ず常にしっかりと守って(存心)、少しも外からの誘惑に心がうばわれないようにしなければならない。また本性は、これを養なうことが大切であり(養性)、よく養なって害することがないようにすべきである。心と性とはみな天から人に与えられたものである。この心と性とを存養する努力をすれば、すなはち天理にかなうことであり、天に仕《つか》えて違うことがない理由である。」

ということである。

語《ご》に曰《いわ》く、性相近《せいあいちか》く習《なら》ひ相遠《あいとお》しと。善《ぜん》に習《なら》ふときは、則《すなわ》ち君子《くんし》となり、不善《ふぜん》に習《なら》ふときは、則《すなわ》ち小人《しょうじん》となる。

【意訳】

『論語《ろんご》』に、「性相近《せいあいちか》く、習《なら》ひ相遠《あいとお》し」とある。それは人の本性は善であるということに相違はないが、しかし、学問や習慣の善《よ》し悪《あ》しによって、賢い人と愚かな人の違いがでてくるという意味である。したがって善を行うことを習慣とする者は君子となり、不善なことを習慣としている者は小人となり、君子と小人との差が大きくなってしまうものである。」

【解説】

○『論語《ろんご》』陽貨《ようか》篇、第二章に「性相近く、習ひ相遠し」とある。その意味は、「本性は誰でも善であるということにおいては異なりがないが、努力の有無により違いが出てくる」、といって人に学問を勧めたものである。

○『中庸《ちゅうよう》』首章《しゅしょう》に、「天命之《てんめいこれ》を性《せい》と謂《い》ふ」とあり。「天命《てんめい》」とは天の命令。「性《せい》」とは天から与えられた生まれつきの性質。天によって定められた人の宿命《しゅくめい》をいう。

○『易経』革卦《かくけ》に「天地革《あらた》まって四時成《しいじな》り、湯武命《とうぶめい》を革《あらた》めて、天に順《したが》い、人《ひと》に応《おう》ず。革《かく》の時、大《おお》いなるかな。」とある。その意味は、

「およそ天地陰陽の気は相い革《あらた》まることによって四時（四季）を成立させ、殷《いん》の湯王《とうおう》・周《しゅう》の武王《ぶおう》は革命《かくめい》すなわち天の命を革《あらた》めることによって、天道に従い人心に応じることができたのである。このように考えれば革《かく》の時は偉大なことである。」

というものである。この殷《いん》の湯王《とうおう》は夏《か》の桀王《けつおう》を、周《しゅう》の武王《ぶおう》は殷《いん》の紂王《ちゅうおう》を武力により討伐し、それぞれ殷・周の王朝を樹立した。（易姓革命《えきせいかくめい》）

○一般に「革命」とは、天命が革まること、すなわち天命をうけた有徳者が暴君に代わって天子となるという「易姓革命」をさしている。しかし、もともとは易道に基づくところの、上代における政治に関する天命思想であって、天意・民心に応じて天命が革《あらた》まるというのであって、後世のいわゆる暴力革命の意味ではない。

革《かく》とは、自然の運行を主として見ることであるが、これをいわゆる革命のことであるとするとは『易経』（『周易』）が周の王朝が成立した初め頃に出来たためである。すなわち殷《いん》の紂王《ちゅうおう》を武力討伐した周の武王《ぶおう》の革命《かくめい》を肯定する論よりいうものである

が、シナ（中国）においても、孔子の尊王主義（革命否定）と、孟子・荀子《じゅんし》の革命肯定論者の二つの流れのあることを知る必要がある。

わが国でも光圀《みつくに》（水戸義公）は「文王は聖人なり。武王は聖とは申しがたし。」（『西山随筆』）と述べて革命を否定し、尊王主義を貫いた。

今《いま》、善《ぜん》を以《もっ》てこれを言《い》へば、四端《したん》を拡充《かくじゅう》して以《もっ》て、其《そ》の徳《とく》を修《おさ》め、六芸《りくげい》に優游《ゆうゆう》して以《もっ》てその業《ぎょう》を勤《つと》む。是《こ》れ其《そ》の習《なら》ひは、則《すなわ》ち相遠《あいとお》きものなり。

【意訳】

「今、善に習うということで言えば、四端の心を押し広めて、その徳を修得し、六芸の道を味わい楽しみ、それぞれの職務に励む。このように努力する習慣によって君子となり、その結果君子と小人との相違が大きくなるのである。」

【語釈】

「四端《したん》」＝人には誰にでも、仁《じん》・義《ぎ》・礼《れい》・智《ち》の四徳の端緒《たんちょ》（いとぐち）があるとする。

「其《そ》の徳《とく》を修《おさ》め」＝仁・義・礼・智の四徳を修めることをいう。

「六芸《りくげい》（藝）」＝礼《れい》・楽《がく》・射《しゃ》・御《ぎょ》・書《しょ》・数《すう》の六つの技芸《ぎげい》のことで、周代に士以上が必ず学ぶべき科目と定められた。以来わが国でも上代より君子たるべき者の修得すべき教養とされた。

※本来「芸《うん》」と「藝《げい》」とは別字。「芸《うん》」は、うまごやしに似た草の名。芸《うん》閣とは書斎をいう。藝《げい》とは、うえる、わざ、技術や学問。藝能・藝術など。

「礼《れい》」は礼法・儀式。「楽《がく》」は音楽・器楽。「射《しゃ》」は弓術。「御《ぎょ》」は馭《ぎょ》で、馬術。「書《しょ》」は書道。「数《すう》」は数学。

「優游《ゆうゆう》」＝やわらいて、ゆったりとしているさま。

「業《ぎょう》を勤《つと》む」＝職業や学業に精励すること。

【解説】

○『孟子《もうし》』公孫丑《こうそんちゅう》上、第六章に四端の説を述べて、「人皆人に忍《しの》びざる（我慢できない）の心あり。（中略）人皆、人に忍びざるの心ありといふ所以のものは、今、人、たちまち孺子《じゅし》（こども）のまさに井《せい》に入《い》らんとするを見れば、皆、怵惕《じゅってき》（恐れあやぶむこと）惻隠《そくいん》（あわれみ）の心あり。（中略）是《これ》に由《よ》りてこれを観《み》れば、惻隠《そくいん》の心無き人は、人に非ざるなり。羞悪《しゅうお》（悪を恥じ、不善を憎むこと）の心無き人は、人に非ざるなり。辞譲《じじょう》（謙遜《けんそん》して他人に譲《ゆず》ること）の心無き人は、人に非ざるなり。是非《ぜひ》（正邪の判断）の心無き人は、人に非ざるなり。惻隠の心は仁《じん》の端《たん》（いとぐち）なり。羞悪の心は義《ぎ》の端なり。辞譲の心は礼《れい》の端なり。是非の心は、智《ち》の端なり。」とある。

これは『孟子《もうし》』得意の大議論のひとつで、性善説を説く理由である。人は誰にでも、善なる心（四端の心）があり、その心を押し広めていく努力が大事であると説く。

然《しか》れどもその気稟《きりん》、或《あるい》は斉《ひと》しきこと能《あた》はず。是《これ》を以《もっ》て屈伸緩急《くっしんかんきゅう》相待《あいま》ちて、其《そ》の性命《せいめい》を全《まっと》うするものは、夫《か》の万物《ばんぶつ》と何《なに》を以《もっ》てか異《こと》ならんや。

【意訳】

「しかしながら、その気質は誰もが同じということは不可能なことである。このため気質が成長したり、萎縮《いしゅく》したり、ゆるやかであったり、はやかったりして、それぞれの力が作用しあって、その性命を全うするということは、あの万物と何か異なることがあろうか。」

【語釈】

「気稟《きりん》」＝うまれつき。気質の性。稟は天賦《てんぷ》（天から与えられた気立て）。天性。

『中庸』章句序注に「性道同じといえども、而して気稟或いは異なる。」

「性命《せいめい》」＝「性」は心にそなわっている本性。「命」は生命、いのち。

故《ゆえ》に心《こころ》を存《そん》して徳《とく》を修《おさ》め、其《そ》の万物《ばんぶつ》と異《こと》なる者《もの》を養《やしな》ふは、その性《せい》に率《したが》ひて、形《かたち》を安《やす》んじ神《しん》を怡《よろこ》ばしむる所以《ゆえん》、其《そ》の万物《ばんぶつ》と同《おな》じき者《もの》を養《やしな》ふは、其《そ》の命《めい》を保《たも》つ所以《ゆえん》なり。二者《にしゃ》皆《みな》其《そ》の節《せつ》に中《あた》らば、善《よ》く養《やしな》ふと謂《い》ふべし。

【意訳】

「それゆえに善に習うという心を常に維持して、仁義礼智の徳を修め、万物の霊長である人として他の万物と異なるものを養うことは、その本性は善であるということにしたがって、形（身体）を安らかにし、神（心・精神）を喜ばしめることである。また万物と同じものを養うのは、その生命を保つためである。この二つのものが、ほどよく調和することができるならば、善く性と命を養うものと謂うことができよう。」

【語釈】

「万物《ばんぶつ》と異《こと》なる者《もの》を養《やしな》ふ」＝万物の霊長として存心・養性し、努力すること。

「性《せい》に率《したが》ひて」＝天から与えられた善なる本性に従うこと。

「万物《ばんぶつ》と同《おな》じき者《もの》を養《やしな》ふ」＝生命を維持するための生理的な活動。呼吸・飲食・睡眠・休息など。

「節《せつ》に中《あた》る」＝ものごとがほどよく調和すること。

「形《かたち》を安《やす》んじ」＝身体をやすらかにすること。

「神《しん》を怡《よろこ》ばしむる」＝精神をなぐさめよろこばすこと。「神《しん》」は精神、心。

【解説】

○『中庸』首章に「天命《てんめい》これを性《せい》と謂《い》ふ。性《せい》に率《した》がふこれを道《みち》と謂《い》ふ、道《みち》を修《おさ》むるこれを教《おしえ》と謂《い》ふ。道《みち》なる者《もの》は須臾《しゅゆ》も離《はな》るべからざるり。離《はな》るべきは道《みち》に非《あら》ざるなり。」とある。この意味は、

「造化の主宰者である天は命令を下《くだ》しあたえたものを性（天性）といい、この性の条

理にしたがうこと、これを道といい、その道を修めることを教えという。この道というものは、もとは天性として天からあたえられて人心にそなわったもので、日用の間に常に行われなければならない道理であり、須臾《しゅゆ》(しばらくも)の間も離《はな》れてはならないものである。もし離れることがあれば、性《せい》に率《したが》うことではないので、とうていこれを道ということはできない。」ということである。

『弘道館記』の「道《みち》とは何《なん》ぞ。天地《てんち》の大径《たいけい》にして、生民《せいみん》の須臾《しゅゆ》も離《はな》るべからざるものなり。」と同じ意味である。

故《ゆえ》に曰《いわ》く、苟《いやしく》も其《そ》の養《やしな》ひを得《う》れば、物《もの》として長《ちょう》ぜざるは無《な》く、苟《いやしく》も其《そ》の養《やしな》ひを失《うしな》へば、物《もの》として消《しょう》せざるは无《な》しと。是《これ》も亦《また》自然《しぜん》の勢《いきおい》なり。然《しか》らば則《すなわ》ち人《ひと》も亦《また》弛息《しそく》無《な》かるべからざるや固《もと》よりなり。

【意訳】

「それゆえに言う。まことに万物と異なるものと、万物と同じものとを養うことができれば、どんなものでも発展・伸長しないものはなく、まことにそれを養うことができなければ、どんなものでも消滅しないものはないと。これもまた自然の成り行きである。そうであるならば、すなわち人もまた時には心身を弛《ゆる》め、一息いれることが必要であることは当然のことである。」

【語釈】
「其《そ》の養《やしな》ひを得《う》れば」＝万物と異なるものと、万物と同じものを養うこと。
「物《もの》として長《ちょう》ずる」＝あらゆるものが成長すること。

嗚呼《ああ》、孔子《こうし》の曾点《そうてん》に与《くみ》せる、孟軻《もうか》の夏諺《かげん》を称《しょう》する、良《まこと》に以《ゆえ》あるなり。

【意訳】
「ああ、孔子が曾点の意見に賛同したこと、また孟子が夏《か》の国の諺《ことわざ》を称賛したことは、まことに理由があることである。」

【語釈】
「曾点《そうてん》に与《くみ》せる」＝曾点《そうてん》のいう願望に同調すること。曾点は、曾晳《そうせき》のこと、名は点。

「夏諺《かげん》を称《しょう》する」＝夏《か》の禹《う》王の時代の俗語に、王者が諸国を遊観することの意義を述べたこと。

【解説】

○『論語』先進篇、第二十四章に曾点《そうてん》のことがでている。その大意は、「（孔子の問に対して）曾点は、自分は暇があれば、家族を引き連れて近郊に行って遊覧し、歌をうたいながら帰ってくることが願いである、と返答すると孔子は嘆息《たんそく》しながら、自分も曾点のいうことに賛成である。」と述べたという。

○『孟子』梁恵王《りょうのけいおう》下、第四章に夏《か》の諺《ことわざ》のことがでてくる。「吾《わ》が王遊《おうあそ》ばずんば、吾《われ》何《なに》をもってか休《きゅう》せん。吾《わ》が王豫《おうたの》しまずんば、吾何《われなに》をもってか助《たす》からん。一遊一豫《いちゆういちよ》は、諸侯《しょこう》の度《ど》たりと。」とある。その意味は、「夏《か》の国の俗語《ぞくご》に、吾が王が、遊行《ゆうこう》してこの地に来られて遊ばれなければ、吾は何をもってか肩《かた》をやすめることができようか。吾が王が、もし郊野《こうや》に出て楽しまれなければ、吾れは何をもってか補助を受けることができようか。吾が王が一遊一豫《いちゆういちよ》されることは、諸侯《しょこう》の法度《はっと》（てほん）となるべきものであると。」

ということである。

夏の諺の主旨は、王者が遊観《ゆうかん》あるごとに、民は必ず恩恵《おんけい》を被《こうむ》ることができる。これは吾等を直接治める諸侯に守るべき手本を示すものであるとして、心から喜んだということである。

果《はた》して此道《このみち》に繇《よ》らば、則《すなわ》ち其《そ》の弛息《しそく》して、形《かたち》を安《やす》んじ神《しん》を怡《よろこ》ばしめること、将《まさ》に何時《いずれ》の時《とき》にして可《か》ならんや。

【意訳】

「それでは、この道にしたがうとするならば、すなわち心身を弛《ゆる》め休息させ、身体を安楽にし、心を喜ばせるようにするには、一体どのような時に行えばよいのであろうか。」

【語釈】

「繇《よ》」＝「由」に同じ。「弘道館記」に「民をして斯《こ》の道《みち》の繇《よ》りて来《きた》る所を知らしめんと欲するなり」とある。

必《かなら》ず其《そ》の華晨《かしん》に吟詠《ぎんえい》し、月夕《げっせき》に飲醼《いんえん》するは、文《ぶん》を学《まな》ぶの余《よ》なり。鷹《たか》を田野《でんや》に放《はな》ち、獣《けもの》を山谷《さんこく》に駆《か》るは、武《ぶ》を講《こう》ずるの暇《か》なり。

【意訳】

「それは花の咲く朝に吟詠し、月の昇る夕べに酒宴を催して弛息《しそく》することは、必ず学問の修行をしたあとの余暇《よか》ができた時においてすべきことである。また鷹《たか》を野《の》原《はら》に放《はな》し、獣《けもの》を山野《さんや》に追って狩《かり》をすることは、必ず武術の修練が終わったあとの余暇ができた時においてすべきことである。」

【語釈】

「**華晨**《かしん》」＝花晨と同じ。花の咲いている朝。

「**飲醼**《いんえん》」＝醼《えん》は、宴に同じ。酒盛りのこと。

「**鷹**《たか》**を田野**《でんや》**に放**《はな》**ち**」＝鷹狩りのこと。飼い馴らした隼《はやぶさ》、鷹などを放って野鳥や小動物を捕らえさせる狩猟。

「**獣**《けもの》**を山谷**《さんこく》**に駆**《か》**る**」＝鳥獣を追い立てて捕らえる狩猟のこと。

余《よ》、嘗《かつ》て吾《わ》が藩《はん》に就《つ》き、山川《さんせん》を跋渉《ばっしょう》し、原野《げんや》を周視《しゅうし》す。城西《じょうさい》に直《あた》りて闓豁《かいかつ》の地《ち》有《あ》り。西《にし》は筑峰《ちくほう》を望《のぞ》み、南《みなみ》は僊湖《せんこ》に臨《のぞ》む。凡《およ》そ城南《じょうなん》の勝景《しょうけい》、皆一瞬《みないっしゅん》の間《かん》に集《あつ》まる。

【意訳】

「自分は以前、わが藩に帰国した時、領内《りょうない》を巡視《じゅんし》し、山川を歩き回り、原野をすみずみまで見たことがあった。その時、水戸城の西方に、広々とひらける山谷の土地があった。そこは西の方には筑波山が遠望でき、南の方は仙波湖に面して、おおよそ城南のすぐれた景色が一望できるところである。」

【語釈】

「嘗《かつ》て吾《わ》が藩《はん》に就《つ》き」＝天保四年（一八三三）に水戸に帰国したこと。

「跋渉《ばっしょう》」＝山をふみ越え、川を渡ること。

「周視《しゅうし》」＝あまねく視察すること。

「闓豁《かいかつ》」＝闓《かい》は、広々とひらけること。豁《かつ》は、開け通じた谷。

「筑峰《ちくほう》」＝筑波山。

「僊湖《せんこ》」＝仙波湖。僊《せん》は仙に同じ。

遠巒遥峰《えんらんようほう》、尺寸千里《せきすんせんり》、攢翠《さんすい》疊白《じょうはく》、四瞻一《しせんいつ》の如《ごと》し。而《しこう》して山《やま》は以《もっ》て動植《どうしょく》を発育《はついく》し、川《かわ》は以《も》て飛潜《ひせん》を馴擾《じゅんじょう》す。洵《まこと》に知仁一趣《ちじんいっしゅ》の楽郊《らくこう》といふべきなり。

【意訳】

「遠く遥《はる》かには山や峰がつらなり、近くや遠くには、木々の緑があつまり、上空には白雲《しらくも》が折《お》り重《かさ》なり、四方の景観が一体となって見事なものである。そして山は動物や植物を生育させ、川は魚や虫類をはぐくんでいる。まことに知者や仁者が遊楽するにふさわしい地であるというべきである。」

【語釈】

「遠巒《えんらん》」＝遠くに山がめぐり連なっている様子。

「遥峰《ようほう》」＝はるか彼方に見える峰。

「尺寸千里《せきすんせんり》」＝近くから遠くまで。

「攢翠《さんすい》」＝木々の緑が集まるさま。

「疊白《じょうはく》」＝白雲が重なり合うさま。

「四瞻一《しせんいつ》の如《ごと》し」＝東西南北の四方の景色が一体となっている。

「飛潜《ひせん》」＝飛《ひ》は水鳥や羽虫の類。潜《せん》は魚類。

「馴擾《じゅんじょう》」＝飼い馴らす。養うこと。

「知仁一趣《ちじんいっしゅ》」＝知者は水を楽しみ、仁者は山を楽しむように、水と山の美しさを一つにしたような見事な趣がある。

【解説】

○『論語』雍也《ようや》篇、第二十二章に「知者《ちしゃ》は水を楽しむ、仁者《じんしゃ》は山を楽しむ。知者は動き、仁者は静かなり。知者は楽しみ、仁者は寿し（いのちながし）。」とある。

是《ここ》に於《おい》て梅樹数千株《ばいじゅすうせんかぶ》を芸《う》ゑ、以《もっ》て魁春《かいしゅん》の地《ち》を表《あらわ》す。又二亭《またにてい》を作《つく》り、好文《こうぶん》と曰《い》ひ、一遊《いちゆう》と曰《い》ふ。啻《ただ》に以《もっ》て他日茇憩《たじつばっけい》の所《ところ》に供《きょう》するのみに非《あら》ず。蓋《けだ》し亦国中《またこくちゅう》の人《ひと》をして優游存養《ゆうゆうそんよう》する所《ところ》あらしめんと欲《ほっ》するなり。

【意訳】

「ここにおいて梅の木、数千株を植え、梅の花をもって春に魁《さきがけ》る地であることを表明したのである。また、二亭を作り、一つを好文亭といい、もう一つを一遊亭という。ただし、この二亭を作ったのは、後日、自分がここで宿泊したり休息するためだけのものではない。本当は、自分だけでなく、また藩内の人々に、ここでゆったりと遊ばせ、心身を養生させようと望んでいるのである。」


【語釈】

「魁春《かいしゅん》」＝梅は春に先駆けて（魁《さきがけ》）花を開くところからいう。

「好文《こうぶん》」＝梅の異名。また好文木ともいう。

「好文亭《こうぶんてい》」＝偕楽園の中にある楼閣。

「一遊亭《いちゆうてい》」＝偕楽園の南方にあたる桜山に建てられたが、現在はない。その跡を示す碑石が建てられている。

「一遊《いちゆう》」＝「一遊一豫」から命名された。

「茇憩《ばっけい》」＝休憩したり、宿泊したりするところ。

「優游《ゆうゆう》」＝ゆったりとくつろぐこと。游《ゆう》は遊と同じ。


【解説】
○斉昭の漢詩「弘道館庭中の梅花に題す」に「好文《こうぶん》豈《あに》威《い》武《ぶ》なしといわんや。雪裏《せつり》春《はる》を占《し》む天下《てんか》の魁《さきがけ》」の一句があり、梅の花に託して、水戸藩をもって天下に先駆けて改革を実行しようとする意欲をあらわしたものと符合するものである。

○『晋書《しんじょ》』の起居註《ききょちゅう》に「晋武《しんぶ》、文を好めば則ち梅開き、学を廃《はい》すれば則ち梅開かず。」とあり、晋の武王が、学問を好む時は梅の花が開き、学問を廃する時は梅の花が開かないという故事から、梅を「好文《こうぶん》」または「好文木《こうぶんぼく》」の異名《いみょう》とした。

国中《こくちゅう》の人《ひと》、苟《いやし》くも吾《わ》が心《こころ》を体《たい》し、夙夜《しゅくや》懈《おこた》らず、既《すで》に能《よ》くその徳《とく》を修《おさ》め、また能《よ》くその業《ぎょう》を勤《つと》め、

【意訳】

「吾が藩内の人々は、まことに、自分のこの心を汲んで、朝は早く起きてから、夜おそく寝るまで怠ることなく、すでに能く学んで徳を修め、また能く各自の職務を勤めはたして、」

【語釈】

「夙夜《しゅくや》」＝夙《しゅ》は朝早く、夜《や》は夜遅く。早朝から夜遅くまで。「夙起夜寐《しゅっきやび》」。

「懈《おこた》らず」＝怠けないこと。『孝経《こうきょう》』に「夙夜匪懈」（夙夜、懈《おこた》らず）とある。『弘道館記』に「我が国中の士民、夙夜解《おこた》らず」とある。解と懈は同じ。

時《とき》に余暇《よか》あるや、乃《すなわ》ち親戚相携《しんせきあいたずさ》へ、朋友相伴《ほうゆうあいともな》ひ、悠然《ゆうぜん》として二亭《にてい》の間《かん》に逍遥《しょうよう》し、或《あるい》は詩歌《しいか》を倡酬《しょうしゅう》し、或《あるい》は管弦《かんげん》を弄撫《ろうぶ》し、或《あるい》は紙《かみ》を展《の》べて揮毫《きごう》し、或《あるい》は石《いし》に坐《ざ》して茶《ちゃ》を点《てん》じ、或《あるい》は瓢樽《ひょうそん》を花前《かぜん》に傾《かたむ》け、或《あるい》は竹竿《ちくかん》を湖上《こじょう》に投《とう》じ、唯意《ただい》の適《てき》する所《ところ》に従《したが》ひ、而《しこう》して弛張《しちょう》乃《すなわ》ち其《そ》の宜《よろ》しきを得《え》ん。

【意訳】

「余暇がある時には、親・兄弟など親戚の者をひきつれたり、友達と一緒にきて、ゆったりと好文亭と一遊亭の二亭の間を逍遥して、あるいは詩歌を互いにやり取りし、あるいは笛や琴などの管弦を演奏したり、あるいは紙を広げて詩文などを書いたり、あるいは石の上に腰を下ろしてお茶を点《た》てたり、あるいは酒をいれた瓢簞《ひょうたん》を持参して花の前で杯を傾けたり、あるいは竹竿《たけざお》を仙波湖に投げ入れて魚を釣るなど、ただ自分の好きなことをして時を過ごせば、心身を弛めたり、緊張させたりして、程よい調和を得ることができるであろう。」

【語釈】

「逍遥《しょうよう》」＝散歩。ぶらぶらとさまようこと。心を俗世間の外に遊ばせること。

「倡酬《しょうしゅう》」＝やりとりすること。倡《しょう》は、唱と同じ。酬《しゅう》は、かえすこと。

「弄憮《ろうぶ》」＝もてあそぶ、いつくしむ、愛でること。

「揮毫《きごう》」＝筆をふるって書画をかくこと。

「茶《ちゃ》を点《てん》じ」＝抹茶をたてること。茶の湯。

「瓢樽《ひょうそん》」＝酒を入れた瓢箪《ひょうたん》や樽《たる》。但し、偕楽園には酒樽の持ち込みは禁じられた。（竹筒などは可）。

是《こ》れ余《よ》が衆《しゅう》と楽《たのしみ》を同《おな》じくするの意《い》なり。因《より》てこれに命《めい》じて偕楽園《かいらくえん》と曰《い》ふ。

【意訳】

「これが私が民と楽しみを同じくするという趣意である。よってこの園に名づけて偕楽園というのである。」

【語釈】

「偕楽園《かいらくえん》」＝『孟子』に「古の人は民と偕に楽む。」とあることから園名とした。

【解説】

○『孟子』梁恵王章句上、第二章にあり、その大意は次のようである。

「梁の恵王は、孟子を自分が造った庭園に案内し、そこに群《むら》がり遊ぶ鳥獣など見せながら、賢者もこれらを見て楽しむことがあるかと問うた。孟子は、賢徳ある王がいて、世の中がよく治まり、民が平安に暮らしていてこそ、この楽しみを味わうことができる。不賢者の王のもとでは、国は乱れ、民は愁《うれ》いて、とても楽しむどころではないと答えた。

次に孟子は『詩経』を引用して、文王《ぶんのう》が霊台《れいだい》（天を祀《まつ》る高台）を造営しようとしたところ、多くの民が競《きそ》い合《あ》って工事に着手し数日の間に完成させた。文王が、完成した霊囿《れいゆう》（園）に来てみると、鹿は肥《こ》え太《ふと》り、白鳥は翼を輝かせていた。また霊囿の中にある霊沼《れいしょう》に立つと、魚が勢いよく跳《は》ね踊《おど》っていたということである。

文王は民の力を用いて霊台《れいだい》や霊沼《れいしょう》を造ったが、民は少しも労苦を厭《いと》うことなく、かえって歓《よろこ》び楽《たの》しんでいた。民がこのように楽しむことができるのは、文王が日頃から仁政を施《ほどこ》して民《たみ》を愛養《あいよう》し、民に衣食《いしょく》が十分に得られるようにしていたからである。このように古の賢者は、自分ひとりだけの欲求を求めず、民《たみ》と偕《とも》にその楽しみを同じくしたのである。」

天保十年歳《てんぽうじゅうねんほし》は己亥《きがい》に次《やど》る夏《なつ》五月建《た》つ　景山《けいざん》撰《せん》并《なら》びに書《しょ》及《およ》び題額《だいがく》

【意訳】

「天保十年（一八三九）己亥の歳、夏の五月に碑を建てた。景山が文章を作り、ならびに碑文を揮毫《きごう》し、扁額《へんがく》も書いた。」

【語釈】

「己亥《きがい》」＝十干《じっかん》（甲《こう》・乙《おつ》・丙《へい》・丁《てい》・戊《ぼ》・己《き》・庚《こう》・辛《しん》・壬《じん》・癸《き》）と十二支《じゅうにし》（子《ね》・丑《うし》・寅《とら》・卯《う》・辰《たつ》・巳《み》・午《うま》・未《ひつじ》・申《さる》・酉《とり》・戌《いぬ》・亥《い》）とを組み合わせ用いて、年月をあらわした。六十通りの組み合わせとなり、一巡してもとの干支《かんし》（えと）にもどることを還暦《かんれき》（六十一歳の称）といった。また十二支《じゅうにし》は時刻、方角などもあらわす。

「景山《けいざん》」＝斉昭の号。
「扁額《へんがく》」＝碑文の上部に書く額の文字のこと。

禁《きん》　條《じょう》＝禁止の条文（碑石の裏面にあり）

一《ひとつ》　凡《およ》そ園亭《えんてい》に遊《あそ》ぶ者《もの》、卯《う》に先《さき》だちて入《い》り、亥《い》に後《おく》れて去《さ》るを許《ゆる》さず。

【意訳】
「この庭園や亭内を遊観する者は、卯（今の午前六時～七時）より前に入園し、亥（今の午後十時～十一時）の時刻より後に退出することを許さない。」

一《ひとつ》　男女《だんじょ》の別《べつ》、宜《よろ》しく正《ただ》すべし、雑沓《ざっとう》以《もっ》て威儀《いぎ》を乱《みだ》すを許《ゆる》さず。

【意訳】
「男と女の区別は節度をもって正しくすること、雑踏（ひとごみ）のなかで、立居振舞を乱すことを許さない。」

一《ひとつ》沈酔《ちんすい》謔《ぎゃく》暴《ぼう》及《およ》び俗楽《ぞくがく》も亦《また》宜《よろ》しく禁《きん》ずべし。

【意訳】「酒に酔いつぶれたり、たわむれ、悪ふざけをしたり、また俗楽も禁止する。」

【語釈】俗楽＝雅楽などに対して、世俗的な音楽。三味線、箏曲《そうきょく》、小唄など。

一《ひとつ》園中《えんちゅう》、梅枝《ばいし》を折《お》り梅実《ばいじつ》を採《と》るを許《ゆる》さず。

【意訳】「園中の梅の枝を折り、梅の実を採ることを許さない。」

一《ひとつ》園中《えんちゅう》、病《やまい》なき者《もの》は、轎《かご》に乗《の》るを許《ゆる》さず。

【意訳】

「園中では、病気でない者は、轎（かご）に乗ることを許さない。」

【語釈】
轎《かご》＝肩でかつぎあげる輿《こし》。小さくて軽い乗り物。

一《ひとつ》 漁猟《ぎょりょう》、禁有《きんあ》り、制《せい》を踰《こ》ゆるを許《ゆる》さず。

「魚をとったり動物を狩《か》ることは、それぞれ禁制の規定があり、それを逸脱することは許さない。」

【語釈】
「漁猟《ぎょりょう》禁有《きんあ》り」＝天保十一年七月朔日（一日）付けの御禁制《ごきんせい》に、「仙波殺生《せんばせっしょう》御禁制《ごきんせい》の処、四月より八月まで三・八の日、神崎下大道通《かみさきしたおおみちどお》り定杭《じょうぐい》の内《うち》、陸《りく》より釣《つ》り殺生《せっしょう》に限《かぎ》り御免遊《ごめんあそ》ばされ候《そうろう》。」とあり、期間を限って陸地からの釣りは許可された。
また同日、見川周辺での投網《とあみ》が禁止された。

第三章　偕楽園の造営と『偕楽園記』の撰文

一　斉昭と藩政改革

徳川斉昭《とくがわなりあき》（烈公《れっこう》）は第七代藩主治紀《はるとし》（武公《ぶこう》）の第三子として、寛政《かんせい》十二年（一八〇〇）三月十一日、江戸小石川の藩邸に生まれた。初名は紀教《のりたか》、のち斉昭《なりあき》と改めた。字《あざな》は子信《ししん》、幼名は敬三郎《けいざぶろう》。景山《けいざん》また潜龍閣《せんりょうかく》と号《ごう》した。八代藩主斉脩《なりのぶ》（哀公《あいこう》）に子がいなかったため、後継《あとつ》ぎのことで問題が起こったが、斉脩が亡《な》くなった後、遺言状《ゆいごんじょう》があったため、弟の斉昭が後を継いで藩主となった。文政十二年（一八二九）十月のことである。その後、弘化元年（一八四四）四十五歳で隠居するまでの十五年間、藩政の改革に全力をそそぎ、万延元年（一八六〇）八月十五日、水戸城中で波瀾《はらん》に富《と》んだ六十一歳の生涯を閉じた。その功績を称えて烈公《れっこう》と諡《おくりな》された。

斉昭の逝去《せいきょ》後作成された正伝『烈公行実《れっこうぎょうじつ》』に、「四歳のときには振《ふ》る舞《ま》いが成人のごとくであり、この年はじめて『孝経《こうきょう》』を読み、和歌を作った。成長するに従って学問が大いに進んで、書を著《あらわ》し文を作り、その議論は人の意表《いひょう》に出た。」などと、幼少のころから異彩を放っていたことを記している。『論語』に「吾れ十有五にして学に志す。三十にして立つ。」とあるが、斉昭の場合も、三十歳にして藩主に就くまでの間、いわゆる部屋住《へやずみ》(居候《いそうろう》)として、もって生まれた才能と性格を活かし、学問や諸芸の修行を十分に積み、その間、藩内外の情勢をつぶさに観察し、つとめて多くの人士に交わり、大いに識見を高めていたのである。

やがて藩主に就任した斉昭はただちに改革に着手し、下級藩士ではあったが新進気鋭の藤田東湖《ふじたとうこ》や会沢正志斎《あいざわせいしさい》らの意見を積極的に用いながら藩政に取り組んだ。これが水戸藩天保《てんぽう》の改革と呼ばれるもので、幕末期における諸藩の藩政改革に先駆け、さらには幕府の「天保の改革」にもおおきな影響を与えるものとなった。

斉昭はまず人事を一新し、守旧・保守的な重臣を退け、身分は低いが有為の人材を郡奉行《こおりぶぎょう》などに登用し、また賄賂《わいろ》やぜいたくを厳禁して財政を引きしめ、文武を奨励して士風を正した。ついで天保四年(一八三三)から一年間、水戸に帰国すると、みずから著《あらわ》した『告志篇《こくしへん》』を頒布《はんぷ》して、「古《いにしえ》の明君《めいくん》、賢将《けんしょう》を慕《した》ひ」、光圀《みつくに》（義公《ぎこう》）の遺志を受け継ぎ、朝廷を尊び幕府を敬《うやま》い、主従一体となって職務に励むことを要望した。また新政策として、学校の創設、海防施設の充実、武士の土着《どちゃく》などの計画を発表し、また長年絶えていた領内の農村や海岸の視察もおこなった。なかでも「弘道館」の創設や「偕楽園」の造営は特筆すべき大事業であった。

これら斉昭の意欲的な改革は常人の意表に出るものであったので、やがて藩内の反改革一派の反目《はんもく》を買い、ひいては幕府のいわれなき嫌疑《けんぎ》を受け、弘化元年（一八四四）にわかに隠居謹慎《いんきょきんしん》を命じられ改革の歩みが挫折した。しかしその業績は水戸藩のみにとどまらず、全国の諸藩および有志を啓発し、明治維新への大きな歩みとなって歴史にその名を留めるに至った。

その治績に残されたものは、斉昭が『告志篇《こくしへん》』に表明した改革への意欲と志そのものというべきものであった。その一節に、

孟子も性善《せいぜん》を説《と》くときは、言《げん》、必ず堯舜《ぎょうしゅん》を称《しょう》せり。されば、某《それがし》は古《いにしえ》の明君《めいくん》、賢将《けんしょう》を慕《した》ひ、各々《おのおの》は忠臣《ちゅうしん》・義士《ぎし》を学び、在世《ざいせ》には共に他国の手本《てほん》にもなり、後代《こうだい》

には、よき例《ためし》にもひかれ、父母の名迄《まで》も顕《あらわ》す様《よう》にと、真実《まこと》に心掛《こころが》け度《た》く候《そうろう》。

と述べたごとくである。

二　偕楽園の計画と経過

(一)　偕楽園の計画

偕楽園の造成計画が具体化するのは、斉昭が天保四年(一八三三)に初めて水戸へ帰国した時からであった。『偕楽園記』に、「余かつて吾が藩に就き、山川を跋渉《ばっしょう》し、原野を周視す。城西に直りて闓豁《かいかつ》なる地有り」とあるように、斉昭はこの時領内を巡視し、あわせて公園を造成する場所を選んでいた。したがって、偕楽園の造成計画は、藩校(弘道館)創設とともに、この時にはすでに斉昭の構想にあったといえる。

このことは『偕楽園記』のなかで「一張一弛《いっちょういっし》」の事例をあげ「然《しか》らば則《すなわ》ち人も亦《また》弛息《しそく》無《な》かるべからざるや固《もと》よりなり」とし、この「一張《いっちょう》」とは「弘道館」で心身を鍛練させることを意味し、対して「偕楽園」では心身を楽しませ浩然《こうぜん》の気を養わせるという「一弛《いっし》」の役を果たすように配慮されていたことにより明らかである。

先に述べた『礼記《らいき》』の「一張一弛《いっちょういっし》は文武《ぶんぶ》の道《みち》なり」とあるように、斉昭はこの文王・武王の治世にならい「弘道館」と「偕楽園」において「一張一弛《いっちょういっし》」の政治を実現しようとしたのであろう。それはいわば両輪のごとき存在であった。

しかしながら、文武の修行を優先させるという立場から、やや「弘道館」に重みをおいたことは、後述する青山佩弦《はんげん》に与えた斉昭の書簡に「学校出来に相成り候上の偕楽園に、これなくては相当致さず」とあることによっても明らかであり、それぞれの記文の完成の年月を一年ずらしてあるのもそれへの配慮である。

(二) 偕楽園造園の経過

すでに述べたように斉昭が偕楽園計画を行動に移したのは、天保四年の第一回の就藩の時からである。しかし、この年は大飢饉などのために着手できなかった。

天保五年当時、水戸領内には梅樹が少なかったので、斉昭は江戸に戻ってから、しばしば多種類の梅実を水戸へ送り、植物係の長尾景徳《かげのり》(左大夫《さだゆう》)に命じて育成させた。

そのために神崎村《かみさきむら》の七面山《しちめんざん》と称する一画を切り開き、図面を示して増殖を指導した。斉昭の景徳への手紙に、「梅の種子を七千三百五粒を送る。桃の実も薬園に埋めておき台木《だいぎ》に仕立て、実《み》のよい梅を年々接《つ》いでいけば、水戸でも数が増える。接《つ》ぎ木は特別花の開きも早く、桃の木の台に接《つ》いでも深く植えれば根となり長持ちする」としたため、その用意周到のほどがうかがえる。

またその間の事情については、『種梅記《しゅばいのき》』にも記されているところである。

予《よ》、少《わか》きより梅を愛し、庭に数十株を植《う》う。天保癸巳《きし》(天保四年)始めて国に就《つ》く。国中に梅樹最も少し。南上《なんじょう》の後、毎歳手《て》ずから自《みずか》ら梅実《ばいじつ》を採《と》り、以て国に輸《おく》り、司園《しえん》の吏《り》をして、之を偕楽園及び近郊の隙地《げきち》に種《う》ゑしむ。今茲庚子《ことしこうし》(天保十一年)再び国に就く。種《う》うる所の者鬱然《うつぜん》として林を成し、華《はな》を開き実《み》を結ぶ。適々《たまたま》弘道館の新たに成るに会ふ。乃《すなわ》ち数千株を其の側《かたわら》に植ゑ、又、国中の士民《しみん》をして家毎《いえごと》に各々《おのおの》数株を植ゑしむ。

斉昭は天保十一年一月二十五日、再度帰国したが、その時には梅樹も多数繁殖していたので、この年の冬、七面堂《しちめんどう》を見川村《みがわむら》(現、水戸市見川)の妙雲寺《みょううんじ》に移して本格的に土木工事に着手した。その設計図はもとより斉昭みずから作成したものであった。

この工事に着手するにあたって、同年三月三日(上巳《じょうし》の節句《せっく》)、斉昭は城中宿直《とのい》の家臣(大番《おおばん》、書院番《しょいんばん》、新番《しんばん》など)の中で、詩歌《しいか》を善《よ》くする者及び彰考館の文士を率《ひき》いて、その地に臨《のぞ》んで、曲水《きょくすい》の宴《えん》を開いた。斉昭は七絶一編の詩を作り、随行《ずいこう》の人士もこれに酬和《しょうわ》し、歓待《かんたい》を尽《つ》くして帰ったという。(『御国秘鑑』、『文辞編年』)

佳辰何処解㆓吾憂㆒　偕楽園辺曲水流　文武弛張宜㆑得㆑節　一觴一詠此同遊

(佳辰《かしん》いずこの処《ところ》ぞ吾《わ》が憂《うれい》を解《と》く、偕楽園辺《かいらくえんべん》曲水《きょくすい》流る、文武の弛張《しちょう》宜《よろ》しく節《せつ》を得《う》べし、一觴一詠《いっしょういちえい》此《こ》れ同遊《どうゆう》)

この「曲水流る」とは、「流觴曲水《りゅうしょうきょくすい》」のことである。三月三日の上巳《じょうし》の節句の日に、上代の朝廷で行われた年中行事のひとつで、曲がりくねった流れに杯《さかずき》を浮かべ、その杯が自分の前に流れてくるまでに詩を作る遊びである。

このように、天保四・五年から梅樹の植林・増植から着手し、それを偕楽園の主体として、天保十二年四月に造園工事が着工され、その一隅には好文亭も建てられて、一年余りの後、天保十三年(一八四二)七月一日までに完成し、開園の運びとなった。

『偕楽園記』はすでに三年前の天保十年五月に碑石に刻まれ完成していた。

㈢　梅樹を主とした理由

偕楽園に梅樹を数多く植えさせたのは、斉昭が特に梅を好んだからである。その「種梅記」に「予《よ》、少《わかき》より梅を愛し、庭に数十株を植《う》う」と述べ、「夫れ梅の物たる、華《はな》は則ち雪を冒《おか》し春に先んじて風騒《ふうそう》の友となり、実《み》は則ち酸《さん》を含んで渇《かつ》を止め軍旅《ぐんりょ》の用となる。」とあるように、その花が寒さに耐え、春に先駆けて馥郁《ふくいく》とした香りを放ち、風雅の相手となるというところを愛したこと、また、その実が「梅干《うめぼし》」となり喉《のど》の渇《かわ》きを止め、古くから「軍用貯梅《ぐんようちょばい》」として重用《ちょうよう》されてきたことなどによるものであった。

さらに、梅が別名「好文《こうぶん》」または「好文木《こうぶんぼく》」と呼ばれ、学問を好むという故事《こじ》にちなんでいること、そして春に先駆《さきが》けて咲くということから、みずから天下の魁《さきがけ》となろうという意思を表明したかったからであろう。

常磐神社境内に「浪華梅《なにわのうめ》」とその碑があり、

家《いえ》の風《かぜ》　今《いま》もかをりの　つきぬにぞ　文好《ふみこの》む木の　盛《さか》り知《し》られる

という斉昭の歌が刻まれている。これは斉昭が天保四年（一八三三）初めて帰国した時、彰考館《しょうこうかん》の柱に書いたものであり、光圀遺愛の難波梅《なにわのうめ》を詠《よ》んだものといわれている。

また白梅・紅梅の歌として、

しろたへに　あけに匂《にお》へる　梅の花　心の色は　神《かみ》ぞしるらん

というものがあり、さらに弘道館の梅を詠んだ次のような歌がある。

葦原《あしはら》の　瑞穂《みずほ》の国の　外《そと》までも　にほひ伝へよ　梅の花園《はなぞの》

「葦原の瑞穂の国、すなわち日本の国の外までも、梅の香りを伝えてほしいものよ。」という意味であるが、それは梅の香りに寓して、日本の国威が外国まで及ぶようにとの大きな夢を託したものであろう。

そして「弘道館庭中の梅花に題す」の漢詩に、

弘道館中千樹梅　（弘道館《こうどうかん》中《ちゅう》千樹《せんじゅ》の梅《うめ》）
清香馥郁十分開　（清香《せいこう》馥郁《ふくいく》として十分《じゅうぶん》に開《ひら》く）
好文豈謂レ無二威武一　（好文《こうぶん》豈《あ》に威武《いぶ》なしと謂《い》はんや）
雪裏占レ春天下魁　（雪裏《せつり》春《はる》を占《し》む天下《てんか》の魁《さきがけ》）

と詠んで、これはまさに梅の花と天下《てんか》の魁《さきがけ》とを直接結びつけたものである。

このように、斉昭の梅に因《ちな》んだものが数多く残されている。

三 偕楽園記の撰文

『偕楽園記』は天保十三年七月一日の開園に先立ち、天保十年五月には完成し、斉昭の自撰自書による碑石への彫刻も完了していたことは前に述べた。

さらに、この『偕楽園記』は天保四年の斉昭の第一回の帰国のころには草案ができていて、天保七年中には学識のある家臣等に添削を命じ完成を目指していたのである。それは同年八月二十五日付けで斉昭が青山拙斎《せっさい》(量介)へ与えた手紙によって知ることができる。その大意は次のようである。

「偕楽園は天保四・五年水戸帰国中に梅林にしたところを、園にするつもりで『偕楽園記』も書いた。近ごろ碑石も到来したので、これに彫《ほ》らせ建立するつもりである。これまで衣食などを初め倹約のことを厳しく命令するのみで、「楽しみ」については何もしてこなかったので、時期をみてこのことについて話をしたいと考えている。その草案は関係の役人にも見せたが、まだ学者の会沢正志斎・杉山復堂《ふくどう》・青山佩弦《はいげん》へは見せていないので、すぐ三人に一覧させ、文章も遠慮なく直して貰うようにしたい。これは後々までも残るものなので、遠慮なく存分に意見を聞かせて欲しい。ただこの時節は凶作などで「偕楽」どころではないが、凶作の後には豊作となることだから、今のうちに石に彫らせておいて、適当な時期に建てたい。それはそれとして、一昨年（天保五年）水戸帰国中から学校をなんとか建設したいと思い、いろいろ工夫して「拙文」（弘道館記草案）を認《したた》めておいたが、これは「偕楽」と違って、容易なことではないので、まだ誰にも見せ兼ねている。しかし、学校が出来たうえでの偕楽園でなければふさわしくないので、『弘道館記』の方は去年の年号にし、『偕楽園記』は今年の年号にしたいと考えている。

さて、これまでいろいろ厳しい通達をだしてきたのは「一張《いっちょう》」のことであるので、この『偕楽園記』では「一弛《いっし》」の方を強調して述べている。その事情を知らないものからみれば、「一張」のことが文中になくてはいかがなものかと云うものもあろう。これらのところも会沢・杉山らと相談してほどよくなおして欲しい。その他、彰考館の学者らに見せると、口やかましく議論が起こるばかりだから見せなくてもよい。彫刻のことは石工の都合次第におこなう。『弘道館記』の方はいまだ完成していないので、『偕楽園記』の方から彫刻を申し付けたいと思っている。なお、この『偕楽園記』は藤田東湖、友部正介らには見せておいた。」という内容であった。

これによって明らかなことは、天保四年の帰国のときには、すでに学校と共に偕楽園の造園計画が斉昭の意中にあり、そのころすでに『偕楽園記』の腹案もあり、この年(七年)になって添削を命じ、同時に碑石の準備もできていたこと。偕楽園の目的は、それまで倹約・風俗の矯正など厳しく領民を規制してきたので、今回は「楽しみ」について配慮をしたいとの趣旨であったこと、しかしその年は飢饉であったため着工を見合わせ、とりあえず石碑に彫って時期をみて建立したいということなど、これまでの計画と経緯を具体的に述べられている。

また学校があっての偕楽園であることを強調していた点が注目される。そして「偕楽園記」の添削を彰考館員に見せると議論ばかり噴出するから見せるなというのも、当時の館員の気風を示していて面白いところである。

なお、「偕楽園記」は天保十年五月の日付をもって自然の平石に刻まれ、現在も当時のまゝ好文亭に近い園中に建っている。「弘道館記」が開館前の天保九年三月の日付とし、「偕楽園記」より一年早くなっている事情は、この書簡にあるとおりである。

斉昭がいかに先を見通し情勢を判断したうえで、率先して事業を進めていたかということを理解することができよう。

このような経過をへて偕楽園は、天保十二年四月つまり弘道館が開館される四カ月前に着工され、わずか一年余りで、天保十三年七月一日開園の運びとなり、同月二十七日から規定に従って公開された。

第四章　偕楽園と好文亭

一　偕楽園の構成と入園規定

当時の偕楽園の大きさは、今の常磐神社の境内と南側の桜山・緑ヶ岡・丸山あたりまでを含み、十四万七千㎡ほどであったが、現在は約十一万㎡ほどである。梅樹の株数は、斉昭時代は七千株とも一万株ともいわれ、二百余品種の珍種・銘木が花を競ったという。今日では数もかなり減り、約三千株、六・七十品種の梅樹が花を咲かせている。

偕楽園から眺める景色は、桜山・緑ヶ岡方面の山並み、眼下には清流と湿地帯、そして仙波湖とを含めて一大景観をなし、自然と調和した雄大な借景的風致を形成していて、他には見られない特徴がある。まさに「偕楽園記」の描写そのものである。

昭和の初期に全国の公園を調査した造園学の大家・田村剛《たむらつよし》博士（元東京大学教授、林学博士）は、「偕楽園は自然八分、人工二分、岡山後楽園《こうらくえん》はその逆、金沢兼六園《けんろくえん》は両者五分五分」とし、この偕楽園を三公園の随一と評価している。

本来、偕楽園を観賞する場合は、園の西北にあたる茅葺《かやぶ》き屋根の「表門《おもてもん》」（黒門《くろもん》）から入るのが道筋である。「一の木戸《きど》」をくぐり、鬱蒼《うっそう》とした大杉森《おおすぎもり》と孟宗竹林《もうそうちくりん》の間を通り、樹齢七百年の巨大な太郎杉《たろうすぎ》と吐玉泉《とぎょくせん》を経て、さらに大杉森と熊笹《くまざさ》の叢《くさむら》を通ると茅葺《かやぶ》き屋根の「中門《なかもん》」にいたる。右手に好文亭、「芝前門《しばさきもん》」をくぐると左手に梅林、右前方に一面に開けた見晴らし広場にたどり着く。

このような偕楽園作庭の構成は、初めは幽暗な場所から入り、心を静めて歩を進め、やがて一転して広闊な明るい場所にいたる、という趣向が施されている。暗《あん》から明《めい》という基本的な構成は、陰《いん》から陽《よう》に変化するという陰陽五行《いんようごぎょう》の思想にもとづいたものである。

斉昭はこのような造園構成を設計して『偕楽園記』に説くところの陰陽思想を具体的に表現したのである。

またそれは弘道館における「八卦堂《はっけどう》」（『弘道館記』を覆《おお》う堂舎）の構造にもっとも象徴されている所である。すなわち八角の堂のそれぞれの面の軒《のき》に八卦《はっけ》を配して、天地《てんち》の大径《たいけい》(道)の存在を寓した。

天保十三年七月一日の開園に際して、入園者への心得を示した布達が水戸の家中に出された。また同様のものが領内の村々にも配布された。

その布達によると、月々の三・八の日(三・八・十八・二十三が男子で、十三・二十八は女子の六日間)には、家中《かちゅう》(水戸の藩士)の武士に庭園の拝見が許された。老年の者が保養のため時々来園することは勿論のこと、他の者も公務並びに文武修行の余暇には入園して、詩歌《しいか》などで雅興《がきょう》を催《もよお》すことは自由であるとの達しであった。

また、神官《しんかん》・修験《しゅげん》・僧侶《そうりょ》らの宗教関係者で、詩歌・音楽・書画・茶道などをたしなむ者ならば、家中の男子と同じように三・八の日に入園が許可されたが、尼僧《にそう》の場合は、男とは別に家中の女子拝観日の十三日、二十八日に入園が許された。

その他、七月十五日、九月十五日は男子の分、八月十五日は女子の分として月見《つきみ》が認められた。

また領内村々では、はじめは宗教関係者だけに入園許可の達《たっし》(通達)があったらしいが、その後庶民一般に及んだことは、村々庄屋宛《しょうやあて》の達で明らかである。その見学の日割は家中の場合と同様であった。他藩の者（他国者《よそもの》）には、拝見が許されなかったが、御出入《おでい》り（藩と関係のある）の浪人等は、役所に願い出れば許された。

なお「偕楽園記」の碑陰に「禁條」六カ条を掲げ、礼儀・秩序を守るべきことが定められていたことは、前に触れたとおりである。

このように、武士と百姓町人、男と女、領民《りょうみん》（水戸藩の士民）と他国者《よそもの》との差別等が厳しく区分されていたが、封建の世としては当然のところであろう。

またこの日、監察《かんさつ》及び園守《えんしゅ》に命令した達《たつし》の中に、好文亭の三階にある「楽寿楼《らくじゅろう》」（藩主の御座所《ござしょ》）の拝見は御殿守《ごてんもり》（管理人）の案内があれば諸士以上にかぎり許可され、また「好文亭」の拝見では詩歌・音楽・書画など自由に使用してもよいとのことであった。

また入園者は門内に樽酒《さかだる》を持参することはできないが、瓢箪《ひょうたん》や竹筒等に酒を入れたものであれば許された。また好文亭に詩歌冊子を置いておき、入園者は自作の詩歌などを自由に書き留めることもできた。

二　好文亭の趣向と養老の会

好文亭は二層三階（外観は二階建てに見えるが、内部は三階構造になっている）の木造柿葺《こけらぶ》き（檜《ひのき》・槙《まき》などの薄板で屋根を葺《ふ》くこと）の建物で、建築面積は三八一・三二㎡である。

一階には、藩主のための「御座の間《ござのま》」、家臣の「控の間《ひかえのま》」、慰労会《いろうかい》などを催した「東《ひがし》塗縁広間《ぬりえんひろま》」、詩歌《しいか》の会などの「西塗縁広間《にしぬりえんひろま》」（杉戸には漢詩を作る手引き「四声類別表《しせいるいべつひょう》」が記されている）、そして茶会のための施設として、茶室「何陋庵《かろうあん》」などがある。

二階には、供《とも》の「控の間」があり、三階には、藩主の御座の間《ござのま》「楽寿楼《らくじゅろう》」とお茶坊主の控え室を兼ねた配膳室があり、そこには飲食物などをつりあげるための釣瓶井戸《つるべいど》式のエレベータごときものが工夫されてある。また、好文亭には太鼓橋でつながる付属の「奥御殿《おくごてん》」があり、藩主夫人およびお付《つき》の婦人らに使用された。

偕楽園の庭園や好文亭では、詩歌、茶の湯の会合などがおこなわれたが、天保十三年（一八四二）九月二十五日に挙行された養老《ようろう》の会はもっとも盛大なものであった。

この日は武士では八十歳以上、庶民では九十歳以上の老人が招待され、武士では十六～七人、農村では九十歳以上二百二十人余りのうち四十余人、城下の町人では二人が出席した。斉昭は出席者のうち武士の老人に直接、八丈綿入羽織《はちじょうわたいれはおり》などを与え、農民と町人には郡奉行《こおりぶぎょう》と町奉行《まちぶぎょう》からそれぞれ手渡させた。

当時、天保の改革は仕上げの時期に入り、改革の気運は最高潮に達していた。倹約の励行・風俗の規制・年中行事の簡素化などすべてに風雅《ふうが》な趣《おもむき》を欠いたような空気が漂《ただよ》っている一方で、このような養老の会や、また詩歌・茶の会などが、新設の偕楽園で行われたことは、水戸の士民にとっては、春風がのどかに吹きわたるような和らぎを感じられたことであろう。

なお養老の会は斉昭の逝去《せいきょ》後、斉昭夫人貞芳院《ていほういん》により文久二年（一八六二）の冬に、再び好文亭で七十余人の男女の高齢者を招いて会合を開かれ、それぞれ賜《たまわ》り物《もの》があったという。

第五章　茶室「何陋庵」と斉昭の茶道観

古来、茶の湯は「和敬清寂《わけいせいじゃく》」のもとで、一碗の茶をもって「直心《じきしん》の交わり」ができるとして重んじられてきた。斉昭は、はやくから茶の湯をたしなみ、好文亭に趣向《しゅこう》を凝《こ》らした茶室を設け、時には手ずから茶楽碗《らくちゃわん》などを焼いたりもした。

斉昭は、好文亭の設計にあたって、茶会のための施設として「対古軒《たいこけん》」・「水屋《みずや》」・「何陋庵《かろうあん》」・屋外に「待合《まちあい》」を組み込んだ。

「対古軒《たいこけん》」は、「西塗縁広間《にしぬりえんひろま》」の北に接した四畳半の一室。ここから「水屋《みずや》」をへて茶室「何陋庵」に続くが、その入り口の長押《なげし》に、円形の板額が掲げられ、「対古軒」と色付けした文字を刻み、その左右に上《かみ》の句と下《しも》の句《く》を分けて、斉昭の和歌が彫ってある。

世《よ》をすてて　山《やま》に入《い》る人《ひと》　山《やま》にても　なほうきときは　ここに来《き》てまし

「世を捨《す》てて山に入っても、なお憂鬱《ゆううつ》で心が晴《は》れないことがあったなら、この茶室にきてお茶を一服召《いっぷくめ》し上がれ」という意味である。

「何陋庵」は好文亭の西北に付属した茶室。待合《まちあい》から茶室へ入り口は、普通の「躙口《にじりぐち》」とは異なり、障子を二枚の引き戸にして左右どちらからでも席入《せきいり》できるようになっている。貴人が立ったまま出入りができるところから貴人口《きにんぐち》とも織部口《おりべぐち》ともいわれている。

この「何陋庵」の庵号は、『論語《ろんご》』子罕《しかん》篇の、

子《し》、九夷《きゅうい》に居《お》らんと欲す。或《ある》ひと曰《いわ》く、陋《ろう》なり、之《これ》を如何《いかん》と。子曰《しいわ》く、君子之《くんしこれ》に居《お》らば、何《なん》の陋《ろう》か之《こ》れ有《あ》らんと。

という語にもとづく。「九夷《きゅうい》」とは、東方の夷《えみし》（野蛮《やばん》な国）、「陋《ろう》」とは、卑《いや》しくて風俗がわるいということ。

この意味は、「孔子が、世の中が衰えて道が行われなくなったことを憂《うれ》いて、中国を去って東方の夷《えみし》の地に行って住みたいと欲した。ある人が質問して、夷の地は礼儀を知らず習俗もいやしい、そこへ行ってもどうしようもないのではないかと。これに対して孔子は、君子がそこに居住すれば、いかなる野卑《やひ》な習俗でも、徳によりみな感《かん》化《か》して善良になるものであるから、どうして習俗がいやしいことを憂えることがある

うか。」といったという。

これによって「何陋庵」には、孔子が自分の徳《とく》により野蛮な風俗も善良に変え得るとしたように、斉昭は、この茶室において「君子の交わり」を催し、水戸藩の習俗を善良に向かわせようとする願いを込めて命名したものといえよう。

この茶席に列する者は、茶室に入る前に、露地《ろじ》にある腰掛待合《こしかけまちあい》で心身を整《ととの》えるが、そこに三つの掛け物が壁に塗り込めてあり、斉昭の茶道観を示している。右側に「茶説《ちゃのせつ》」、中心に「茶対《ちゃのたい》」、左側に「巧詐不如拙誠」（巧詐《こうさ》、拙誠《せっせい》に如《し》かず）の額が順に掲げられている。いずれも烈公の自撰・自筆のものである。

㈠「茶説《ちゃのせつ》」

「茶説《ちゃのせつ》」は、斉昭の隷書《れいしょ》により、縦一尺三寸（約三十九・四センチメートル）、横二尺七寸五分（約八十三・四センチメートル）の桜の板に彫刻してある。隷書《れいしょ》とは、一般には漢代《かんだい》の装飾的な書体を指し漢隷《かんれい》または八分《はっぷん》ともいう。なお原文は漢文で書かれている。

曰《いわ》く、人の礼に於ける一日も無かるべからず。大は則《すなわ》ち邦国《ほうこく》の経綸《けいりん》、小は則ち閨《けい》閤《こう》の細務《さいむ》。礼有れば則ち治まり、礼無ければ則ち乱る。小技《しょうぎ》と雖《いえど》も亦然《しか》り。余暇の日、雲華《うんか》の技《ぎ》を爲《な》す、その中に自ずから礼節あり。これを廃《はい》すれば則ち事また行ふべからざるなり。而《しこう》してその取るべきもの三。舎《す》つべきもの三。得易《えやす》きの器《うつわ》をもって得難《えがた》き宝と比して、而して恥《はじ》ざるものは、富貴《ふうき》をもって貧賤《ひんせん》に交《まじ》はるを示す所以《ゆえん》なり。その麁食《そしょく》を調《ととの》へて美味《びみ》となすは、不肖《ふしょう》をもって賢《けん》となすを示す所以なり。その古物《こぶつ》を聚《あつ》め、以《もっ》てこれを玩《もてあそ》ぶものは、慕古《ぼこ》を示す所以なり。もしそれ清器《せいき》を垢《あか》づけ全物《ぜんぶつ》を傷《きず》つけ、以《もっ》て古製《こせい》に贋《がん》するは、民に偽《いつわ》りを教へるなり。箸《はし》碗盞《わんさん》をもつて、これを千金に博《か》へ、果菜魚鳥《かさいぎょちょう》競《きそ》ひて珍異《ちんい》をいたすは、民に奢《おご》りを教へるなり。器什《きじゅう》を品評《ひんぴょう》し、口を極《きわ》めて賛揚《さんよう》するは、民に諛《へつら》ひを教へるなり。これを舎《す》て、かれを取り斟酌《しんしゃく》して、以《もっ》てこれを用《もち》ふるは善《よ》く茶礼《ちゃれい》を行《おこな》ふものと謂《い》ふべきなりか。金玉《きんぎょく》これ至宝《しほう》となし、芻豢《すうかん》これ美味《びみ》となすは、人の同じく好むところなり。我は則《すなわ》ち然《しか》らず。凡木《ぼんぼく》をもって具《ぐ》となし、芋栗《うりつ》をもって羞《しゅう》となす。富《ふう》貴《き》をこれ尊《そん》となし、貧賤《ひんせん》をこれ卑《ひ》となす。また人の然《しか》りとするところなり。我は則ち然らず。貴賤《きせん》、席《せき》をともにして相《あ》ひ褻《な》れず、膝《ひざ》を促《うなが》して劇談《げきだん》す。臣子《しんし》と雖《いえど》も相《あ》ひ伍《ご》す。この数《すう》は吾が技《ぎ》の独《ひと》りするところなり。質《しつ》にして雅《が》、和《わ》して流れざるは、君子の交《まじ》はりなり。孔子曰く、礼はその奢《おご》らんよりは寧《むし》ろ倹《けん》せよと。小技といえども其れ庶幾《ちか》からんか。

【意訳】

「私（斉昭）の茶道についての考えを述べる。人には礼が一日でもなくてはならない。大にしては国家の治国済民《ちこくさいみん》、小にしては夫婦間の諸事に至るまで、礼があれば治まり、礼が無ければ乱れる。小さな技芸《ぎげい》でも同じである。自分は暇なとき「雲華《うんか》の技《ぎ》」（茶道）を行《おこな》う。その中に自ずから礼節がある。礼節を廃すれば茶道を行うことができない。その中で採用すべきものが三つ、捨てるべきものが三つある。採用すべき一つ目は、簡単に手に入る道具をもって、手に入りにくい貴重な道具と比較して、恥じることがないということは、富貴《ふうき》な人（裕福で身分が高い）が、貧賤《ひんせん》（貧しく身分の低い）な人と交際するということを示すものである。その二つ目は、粗末な食事を調理して、美味とするということは、愚者をもって賢者となすことを示す理由である。その三つ目は、古物を集めて愛好するのは、古風を慕うことを示す理由である。(以上の三つが採用すべきものである。)捨てるべきものの一つ目は、綺麗《きれい》なものをわざわざ汚《きたな》くしたり、完全な物をわざわざ傷つけたりして古めかしく見せかけることは、民に虚偽《きょぎ》(いつわり)を教えることになる。その二つ目は、茶碗などの茶器類に大金を費《つい》やし、懐石《かいせき》(料理)類に珍味《ちんみ》を競《きそ》うことは、民に奢《おご》り(ぜいたく)を教えることになる。三つ目は、茶器類をあれこれ品評して言葉を尽《つ》くして称賛《しょうさん》することは、民に諂《へつら》い(こびること)を教えることになる。(このような虚偽・奢り・諂いを、上に立つものが行えば、下々《しもじも》の者はこれに習い、礼儀・道徳が乱れてしまう。だからこの三つは捨てるべきものであり、茶道では決して行ってはいけない。)このように適切に取捨選択《しゅしゃせんたく》することが茶礼を行うというものであろうか。

黄金や玉類を宝とし、牛や豚の肉を美味《びみ》とするのは、誰でも好む所である。しかし、自分の考えは違う。自分はありふれた木で道具を作って満足し、芋《いも》や栗《くり》をもって御馳走《ごちそう》と心得ている。富貴は尊く大事であるとし、貧賤は卑《いや》しいものであるとする。これもまた誰でも同意する所である。自分の考えはやはり違う。貴賤の隔《へだ》てなく席を同じくし、しかも褻《な》れ過《す》ぎて秩序を乱すことなく、目下《めした》の者といえども膝《ひざ》つきあわせて大いに直談《じきだん》する。

以上の諸点が自分の茶道の独特の所である。自然のままで飾り気はないが、上品であり、親和な中にも節度があるのが、君子の交りである。（茶道は君子の交わりでなくてはいけない。）孔子は、奢《おご》るよりは倹約《けんやく》する所に礼の精神が存すると言っているが、茶道は（治国済民《ちこくさいみん》に比べれば）小技《しょうぎ》であるけれども、奢《おご》るよりは倹約《けんやく》を主《しゅ》として行えば、礼に近い茶道といえるであろう。」

【語釈】

「経綸《けいりん》」＝国家を治め整えること。治国済民の方策。「閨閤《けいこう》」＝寝室。雲華《うんか》＝茶の異名。「雲華《うんか》の技《ぎ》」＝茶道のこと。「麁食《そしょく》」＝粗末な食事。「金玉《きんぎょく》」＝宝物。「芻豢《すうかん》」＝芻《すう》は草を食う畜類（牛羊）。豢《かん》は穀類を食う畜類（犬・豚）。「技《ぎ》」＝技芸、ここでは茶道のこと。「凡木《ぼんぼく》」＝平凡な木・材料。「羞《しゅう》」＝羞饌《しゅうせん》のこと。ごちそうを供えてすすめる。「劇談《げきだん》」＝遠慮なく話すこと。「褻《な》れず」＝なじんでも打ち解けすぎないこと。「和《わ》して流《なが》れず」＝意見が同じならば他人と協調するが、おもねって妥協することはしない。『論語』子路に「君子は和して同ぜず、小人は同じて和せず」と同じ意味。「庶幾《ちか》」＝近いこと。

㈡「茶対《ちゃのたい》」

斉昭の草書により、直径一尺四寸（約四十二・五センチメートル）の円形の桜の板に刻んである。対《たい》は対応の意味で、茶についての問いに対して答える形式となっている。原文は漢文で書かれている。

或《ある》ひと問《と》ふ。子《し》、茶法《ちゃほう》を学《まな》びしかと。吾《わ》れ対《こた》へて曰《いわ》く。未《いま》だしなるも、嘗《かつ》てこれを聞《き》けり。其《そ》の味《あじ》や苦《にが》くして甘《あま》く、其《そ》の器《き》や疏《そ》にして清《きよ》く、其《そ》の室《しつ》や樸《ぼく》にして閑《かん》、其《そ》の庭《にわ》や隘《あい》にして幽《ゆう》、其《そ》の交《まじわ》りや睦《ぼく》にして礼《れい》、しばしば会《かい》して費《つい》やさず、よく楽《たの》しんで奢《おご》らず、かくの如《ごと》きのみと。其《そ》れこれに反《そむ》くものは、吾《わ》れの知《し》らざる所《ところ》なり。

天保壬寅《てんぽうじんいん》　孟春《もうしゅん》　景山《けいざん》

【意訳】

「或る人が問うた。あなたは茶の道を学びましたかと。私が答えていうには、まだ学んではいないが、かつて茶の道について聞いたことがある。茶というものは、その味はにがくて甘い。茶器は粗末ではあるが清潔である。茶室は自然の素材のままで飾り気がなく閑静であり、その庭は狭いが奥深くて静かである。茶友の交りは親しむなかにも礼節があり、しばしば茶会を催しても浪費することなく、よく楽しみながらも思い上がることがないと。これらに反するような茶の道は自分は知らない。

天保壬寅(十三年・一八四二) 孟春(正月) 景山(斉昭)」

先の「茶説」が茶礼のみを強調しているのに、この「茶対」は短いながら茶の味から始まって茶器・茶室・茶庭の理想を述べているのが注目される。要するに奢《おご》らぬよう警告している所は「茶説」と同じ趣旨であるということができる。

この「茶対《ちゃのたい》」には年月が記されているが、先の「茶説《ちゃのせつ》」および次の「巧詐」の額も恐らく相前後して書かれたものであろう。

(三) 「巧詐不如拙誠」(巧詐《こうさ》は拙誠《せっせい》に如《し》かず)

斉昭の篆書《てんしょ》により、縦三尺一寸(約九十四センチメートル)、横一尺四寸五分(約四十四センチメートル）の桜の板に彫ってある。篆書《てんしょ》は、秦《しん》の李斯《りし》の創始という。その後簡便な隷書《れいしょ》・楷書《かいしょ》が創始され、以後は、碑銘《ひめい》・印章《いんしょう》などにのみ用いられる。

この額の意味は「巧みにいつわりあざむくことは、言動は拙《つたな》くとも誠心《せいしん》があるものには及《およ》ばない」ということである。

この格言は、やはり茶の戒めとして、斉昭が特にこの語を選んだのである。これも「茶説」にある通り「清器を垢《あか》づけ全物を傷《きず》つけ以て古製に贋《がん》するもの」はもとより、「器什を品評し口を極めて賛揚する」ようなことは、いずれも「巧詐」というべきであろう。そしてすべて質朴簡略で、その作法は拙くとも、上下の隔てなく誠意をもって茶を楽しむことが斉昭の理想とする茶道であった。

茶はもともと人を招いて饗応《きょうおう》（もてなす）することを中心に成り立っているものである以上、ともすると虚栄心が入りこむ恐れがある。それ故に以上の斉昭の戒めはまことに適切というべきである。

【解説】

この格言は古代中国の諸書に出ているものである。古来、深い経験を踏まえ、簡潔に表現したいましめの言葉として重んじられてきた。諸書に出典があるが、その一部を示そう。

○『韓非子《かんぴし》』二十巻、戦国末（前三世紀頃）の韓非の著。法家《ほうか》の一派である韓非の思想に基づく論著を集めたもの。その「説林上《せつりんじょう》」に出でくる。

「故《ゆえ》に曰《いわ》く、巧詐《こうさ》は拙誠《せっせい》に如《し》かず。楽羊《がくよう》は功《こう》あるを以《もっ》て疑《うたが》はる。秦西巴《しんせいは》は、罪有《つみあ》るを以て益々《ますます》信《しん》ぜらる。」

○『説苑《ぜいえん》』貴徳の篇。（二十巻。漢《かん》の劉向《りゅうきょう》〈前七七～前六〉の編。）

○『魏志《ぎし》』「劉曄伝《りゅうようでん》」の注。（陳寿《ちんじゅ》の著。三世紀頃の史書。）

○『淮南子《えなんじ》』「人間訓」。（現存二十一篇。漢の淮南王《わいなんおう》、劉安《りゅうあん》が学者を集めて作らせた書。）

○『顔氏家訓《がんしかくん》』名実篇。（北斉《ほくせい》の顔之推《がんしすい》の著。）などである。

※ 楽羊は魏の将軍、わが子を犠牲にして中山国《ちゅうざんこく》を討伐し功績をあげたが、その後、魏の文侯に疑われるようになった。秦西巴は主君が狩で捕らえた麑《げい》（子鹿）を憐れんで逃がしたため放逐されたが、程なく戻されて主君の子の傅《ふ》（もりやく）となった。『説苑《ぜいえん》』では、この二人のことを評して「仁と不仁とに由るなり」と説明している。

第六章　斉昭と茶道

㈠　世子慶篤への箴戒

弘化元年（一八四四）に斉昭が幕府より謹慎を命ぜられたとき、慶篤《よしあつ》への箴戒《しんかい》（いましめの言葉）十一カ条を残した。その第三条に、茶器について触れている。

君《きみ》（藩主）にて好み候《そうろう》処は下々《しもじも》まで好む事に候へば、武家に無くて叶《かな》はざる物を御好み成され候へば、物は費《ついえ》候ても永々《ながなが》の為《ため》に相成《あいな》り申し候。たとへば茶器掛物等御好み候へば、其の好み候人一代にて、子供の世に相成り候へば、家来家来（伝来）の品は皆払（売り払う）に出候と申す如く、つまらぬ事に成行申し候（下略）『水戸藩史料』

この趣旨は、武家には無くてはならぬ武具類を好むのがよく、茶器掛物などを好む時は、その人一代を過ぎれば売り払われたりするからつまらないと戒めている。

(二) 藤田東湖の『常陸帯』にみえる事例

その「倹素を守り給ふ事」の条（意訳）

主君（斉昭）はご幼少の時から、文雅《ぶんが》の道を好まれた。先代哀公《あいこう》の時代には、ご一緒に茶道を学ばれた。（割註に）［朴素閑静《ぼくそかんせい》を旨《むね》とし奢侈花麗《しゃしかれい》を戒《いまし》められたこと、主君の著《あら》はされた茶対《ちゃのたい》の御文で知ることができる。］しかし、藩主を相続されてからは茶会を催《もよお》すことはなかった。しかしながら、身分の高い者と低い者とが隔《へだて》なく、心静かに打ちとけて物語をするには茶の湯におよぶものはないと話され、大名《だいみょう》又は幕下《はたもと》の人々で茶道にたしなみのある者が水戸藩邸にこられた時は、平常の御座所を屏風《びょうぶ》などで仮《か》りに茶席の形にしつらえ、いつも大根の汁《しる》かけ飯《めし》に、鶏卵《けいらん》の白身《しろみ》を月の輪の如くに切り、野菜を加えた御吸物にて接待された。（割註に）［こう言っては、主君は無造作《むぞうさ》のことだけをしておられるようであるがそうではない。自分がお側に仕えていた時、日光御門主《ごもんしゅ》知《ち》恩院宮《おんいんのみや》などが藩邸にお出でになった時は、御接待などすべて礼式どおりおこなわれ、少しも失礼のないようにと近侍《きんじ》の臣を戒められた。すべては、け・はれ（褻《け》・晴《はれ》、私的と公的と）の差別を正しくおこなわれたことが、これで知ることができよう。」御相伴《ごしょうばん》（陪席《ばいせき》する者）にも茶道に達《たっ》する人々は召《め》さず、水戸より新《あら》たに江戸に出てきた茶道には不調法《ぶちょうほう》で文武《ぶんぶ》の話のみ好《この》む者を召《め》された。主君は自《みずか》ら茶《ちゃ》を点《た》てられても、御相伴《ごしょうばん》の者はその作法《さほう》をも知らず無粋《ぶすい》のことばかりであったので、主君は笑ひながら御客に向って、我が家の茶人は皆かくの如くであるなどと冗談をいわれていた。ところで、衣服や飲食などのことはこのように倹素《けんそ》を守られたが、飢饉を救い武備を調へ、領中の田野《たはた》を測量し、城下に学校を創設されることなどに至っては、少しも費用を惜しまず、お手元金《てもときん》（内帑《ないど》）から多額の金銀をだされた。（『東湖全集』）

このように斉昭の倹約ぶりは徹底していた。しかし、ひたすら倹約していた訳ではなく、正式にすべきときには作法通りの応対をしたのであった。褻《け》・晴《はれ》の区別、すなわち公私の区別（正式な場と普段の場）を厳格におこなっていたのである。また大名や旗本への接待は、かれらの贅沢《ぜいたく》を風刺する意図があったことと思われるし、また御三家の立場であればこそ出来たことであったかも知れない。

㈢ 湊御殿（夤賓閣）での茶会

その倹約ぶりを代表するのが、天保四年五月に斉昭が湊御殿《みなとごてん》（夤賓閣《いんひんかく》）で催した茶会である。国友善庵《くにともぜんあん》（尚克《なおかつ》）の『癸巳日記《きしにっき》』（癸巳《きし》とは天保四年）に、

天保四年五月十四日、烈公、湊《みなと》御殿に茶会、香合《こうごう》は蛤貝《はまぐりがい》、花筒蛎殻《はなつつかきがら》、茶碗台町《だいまち》焼《やき》、釜唐銅薬罐《かまからかねやかん》、古物《ふるもの》にて湊より買上《かいあげ》、水こぼし、水さし、是又台町焼

とある。湊御殿は光圀（義公）のとき建てられた別館で「夤賓閣」と称した。台町焼というのは水戸下市《しもいち》台町で焼いている素焼きに近い陶器で、擂鉢《すりばち》などの日用品を主とする質素なものである。この記録にはないが当日の菓子や懐石などの取合《とりあわ》せも想像するだけでも楽しくなる。

この茶会は、「茶説」、「茶対」に説く精神そのままの趣向であり、斉昭の茶道観を具体的に示していて興味深いものである。これも多分に家臣の贅沢《ぜいたく》を戒めるものであったろうことは、先の『常陸帯』により推測できよう。

伊豆山善太郎氏は「水戸の茶は副将軍の社会的、政治的地位を背景として江戸期の

茶道界に皮肉な寸鉄的存在として大きな地歩を占めていたと信ずる。」とし、「茶対」で説く「質にして雅」の侘《わ》び茶も、質素に過ぎれば美の精神を失ない貧乏臭い寒々《さむざむ》としたものに陥《おちい》ってしまう。しかし、「茶を玩《もてあそ》ぶ者に家道《かどう》（家計）を失《うしな》ふ」と古人も戒めた如く、とかく贅沢《ぜいたく》に流《なが》れ虚飾《きょしょく》に趨《はし》り易《やす》い茶に対し、茶の道徳的儀礼的方面を強調する「茶説」「茶対」の教えは誠に適切である、と評価している。

また、水戸出身の茶道美術評論家、高橋箒庵《そうあん》（一八六一〜一九三七）の述懐を紹介し、水戸の質素剛健な精神は、好文亭に最もよくその美的表現を得ていると信ずるが、一歩進めば、『論語』雍也篇の「質《しつ》、文《ぶん》に勝てば則《すなわ》ち野《や》」の類で、雅でなく芸術で無くなる。湊御殿の茶などは正にそうである、と述べていたという。（『水戸の茶道史考』）

　このように斉昭の茶道は、いわゆる大名の手慰《てなぐさ》みとは大いに異なった趣があり、それだけに評価もわかれるところであろうが、一貫して無駄を省き、諸事倹約の中に、自然と一体となり、貴賤貧富の隔たりを超えた、人との融和と人生のやすらぎを求めようとした精神は、後々まで心ある人には感動をあたえるものであろう。

第七章　その後の偕楽園

明治二年(一八六九)四月、版籍奉還により偕楽園は新政府の所有となった。同年十二月二十五日、朝廷から義烈両公(光圀と斉昭)に従一位が追贈され、明治五年に偕楽園内の「烈公祠堂《しどう》」に光圀の神霊が彰考館から遷座され、これが義烈両公を祀《まつ》る神社創建の発端となった。明治六年(一八七三)、偕楽園は朝廷の許可を受て常磐《ときわ》公園《こうえん》となり、同六年三月に神社創建が許されて勅旨により常磐《ときわ》神社《じんじゃ》と号した。この時、偕楽園の一部をさいて神域とした。

なお「烈公祠堂」の創建の時期は明らかではないが、維新のころ斉昭夫人貞芳院の創意により斉昭の御神霊を奉斎する祠堂として建設されたという。今も庭園の一画にその跡が残されている。(『常磐物語』)

その間の事情を『常磐公園攬勝図誌』(松平俊雄・雪江)に次のように記している。

明治の御代《みよ》となりて藩を廃し、此の地も官《おおやけ》に収《おさ》む。然《しか》るを公の遺跡《いせき》を不朽《ふきゅう》に伝へまほく同六年朝廷の御許《おゆるし》を受て公園とはなりぬ。されば司吏《もりのやく》を置く。苑中《えんちゅう》の事取《とり》扱《あつか》はせ総て旧時の侭《まま》にして改めず。同十六年更に維持の法をもふけ、県庁の職員商議《しょうぎ》し各俸給の内幾分《いくぶん》を募《つの》り以て修繕《しゅうぜん》の料《りょう》にそのふ。又春秋二季職員好文亭に会して宴を開く。是を楽寿会《らくじゅかい》と名付恒例《こうれい》とはなしぬ。

大正十一年（一九二二）に常磐公園は国指定の「史跡・名勝」となり、その指定地は十三万八千四百九十三㎡（うち偕楽園十一万五千九百十六㎡、桜山二万五千九百十六㎡、丸山二千九十九㎡）と広大なものであった。いうまでもなく偕楽園が主体で見川町にある桜山と丸山はその付属地である。

戦後になり昭和二十五年（一九五〇）四月一日、文化財保護法により「名勝地」となり、さらに昭和三十二年（一九五七）県条例により偕楽園の名前に復した。

偕楽園は、日本三公園のひとつといわれているが、その由来は『尋常高等小学校読本』巻一（大正九年、一九二〇）によるとされる。（『偕楽園歳時記』）

風致《ふうち》ノ美《び》ヲ以テ世ニ聞ユルハ水戸ノ偕楽園、金沢ノ兼六園《けんろくえん》、岡山ノ後楽園《こうらくえん》、之ヲ日本ノ三公園ト称ス。然レドモ高松ノ栗林公園《りつりんこうえん》ハ木石《ぼくせき》ノ雅趣《がしゅ》却《かえ》ツテ此ノ三公園ニ優《まさ》レリ。

この「日本三公園」といわれるようになったのは、これより早い時期であろうと推測されるが、この教科書の記述により全国に知られるようになったのは確かであろう。

現在、偕楽園では、水戸市観光協会が主催する種々の行事が行われている。春の「梅まつり」、「桜まつり」、「つつじまつり」、秋の「萩まつり」などがあり、園内では野《の》点茶会《だてちゃかい》・琴《こと》・三味線《しゃみせん》・獅子舞《ししまい》・大神楽《おおかぐら》・民謡《みんよう》などが実演・披露され、多くの観光客を楽しませてくれる。

従来はこのように庭園を中心に諸行事が開催されてきたが、近年、同観光協会では「巧詐《こうさ》は拙誠《せっせい》に如《し》かず」にちなんで県内茶道各流派合同の「拙誠会」を結成し、好文亭の「西塗縁広間《にしぬりえんひろま》」で毎月、茶会が催されるようになった。さらに有志のなかから「何陋庵」の使用を望む声が高まり、その実現の見通しも明るい。かくて偕楽園も「衆と偕に楽しむ」という創設の趣旨に沿う姿に近づきつつあり、さぞかし斉昭の霊も慰められていることであろう。

おわりに

○幕末の志士、長州の吉田松陰は嘉永四年（一八五一）十二月十九日に水戸に入り、西山荘や瑞龍山とともに偕楽園を訪れ、その時の感懐を『東北遊日記』に認《したた》めている。
好文亭を観る、偕楽園は即ち是れなり。亭は一高壟《こうろう》なり。列《なら》べ植《う》うるに梅樹棣棠《ていとう》を以てし、環《めぐ》らすに隍塹《こうざん》を以てす。（中略）余、嘗て景山老公撰ぶ処の偕楽園の記を読み、又其の作る所の歌を聞く。云はく、「世を捨てて山に入る人山にても尚ほ憂《う》き時はここを尋《たず》ねよ」。蓋《けだ》し公の志見るべし。而れども今は則ち荒廃す、之が為めに唏嘘《ききょ》して去る能はず。（『吉田松陰全集』）
また、兄の学圃（杉梅太郎《すぎうめたろう》）への書簡に、「茶対」の全文を書写し「矩方《のりかた》（松陰）云ふ。簡潔高古《かんけつこうこ》、至《いた》れり、尽《つく》せり、故に特に録して呈す」と認め、大いに子弟に勧むべき道なりと添え書きがあったという。（学圃の随筆）。さて今日、偕楽園を訪れる人々は、いかなる感想を抱かれるのであろうか。

○この『偕楽園記』の解説にあたっては平易・簡明にと努めたが、内容が高尚なだけに複雑・多岐にわたらざるを得なかった。字句の解釈は、辞書を引けば比較的容易であるが、その奥底にあるものを理解しようとするためには、その字句の出典を明らかにし、それを用いた斉昭の学問思想を理解し、自分をそのレベルまで高めなければ不可能である。「眼光紙背《がんこうしはい》に徹《てっ》する」というが、如何せんそのレベルには及びがたい。
○執筆にあたっては、原文のあとに、「意訳」でその大意を示し、次に「語釈」で主なる字句を解釈した。さらに「解説」で関連する字句や内容、出典など参考になるものをとりあげた。
○〔付録〕に照沼好文氏提供による、貴重な英文史料を掲載することができた。国際化の進むなかで、洛陽の紙価が高まることを念願するものである。
○発行にあたっては、茨城県偕楽園管理事務所、幕末と明治の博物館、本会事務局長但野正弘氏および錦正社中藤政文社長のご協力に対し改めて感謝の意を表する次第である。

平成十八年四月

著者　安見隆雄

一高)の英語教師として勤務した。明治24年(1889)一度帰国したが明治27年(1894)に再び来日し、旧制第一高等学校などで英語を教え、在職16年に及んだ。長年にわたる英語教育の功績に対し、昭和2年(1927)勲五等旭日章を授与された。同年帰国、昭和16年3月11日ニューヨーク州ロングアイランドの自宅で逝去。享年81歳。

この英訳『偕楽園記』は、来日して2年目の明治22年(1889)に、日本·アジア協会の例会で発表したレポートを、翌23年(1890)に同協会紀要に掲載した『水戸藩の歴史』に収録されたものである。

——(照沼好文著『水戸の學風』錦正社, 1998.)——

The postage stamp of
Kairakuen
(Post Office in Japan.)

which means "a garden for recreation together," and may be loosely translated "social enjoyment park."

〔補足〕

1　リチャード・ポンソンビ・フェイン博士（日本名・本尊美利茶道）について

ポ博士は英国貴族の出身で1878年（明治11）ロンドンに生まれた。イギリス植民地各地の総督秘書の役を歴任した。明治34年（1901）8月初めて日本を訪問して以来、日本文化への興味を抱き、研究を深めていった。大正8年（1919）に再来、東京の成蹊学園で3年間英語を教えたが、皇室・神道・国体などに関する研究を進めるため、京都に移住し、純粋な日本人としての生活を送った。ポ博士はとくに水戸学に関心を示し、昭和9年（1934）に英文の『常磐神社誌』、同11年には『英訳弘道館記』を完成させた。同12年（1937）12月10日京都市の自邸で逝去。享年60歳。

（102頁に英文紹介〔Notes〕を付した。）

2　E.W.クレメント氏について

米国人クレメント氏は来日後、明治20年（1887）10月から同24年迄の4年間、旧制茨城県立水戸中学校（現、水戸

[On the back of the stone are inscribed the following Restrictions (*Kinjo*)].

It is forbidden to enter the park before six o'clock in the morning, or after ten o'clock in the evening. The two sexes are forbidden to take recreation together. Intoxication, disorderly conduct, and vulgar music are forbidden. It is forbidden to pick the flowers and fruits of the plum-trees in the park. It is forbidden to anyone, except a sick person, to ride in a *Kago* in the park. The regulations concerning fishing and hunting must not be violated.

◇◇◇

① Benevolence, righteousness, politeness, wisdom(*Jin-gi-rei-chi*).

② Etiquette, music, archery, horsemanship penmanship, mathematics (*Rei-gaku-sha-gyo sho-sū*).

③ What opinion, and what proverb?

④ There is evidently a reference here to the Chinese saying that "kind men, like mountains, are never moved," and "wise men, like running water, never become stagnant."

⑤ *Kairaku-yen* is the equivalent of *tomo ni tanoshimu sono,* there are fishes and dragons (*riu, tatsu*). Indeed, this is a place which can give the utmost pleasure to both wise and kind persons. It is, therefore, the place best suited to gratify our noblest pleasures.

Consequently, I planted several thousand plum trees, built two pavilions, cleared away the bushes, and brought stones. I not only intend to make this the place for my retirement; but I also wish to have my people enjoy themselves here, as I do. What a pleasant thing it would be, if they, following my principle, should not spend their time idly, but should cultivate their virtues, pay good attention to their occupations, and at their leisure bring their wives, children and friends; walk about the garden; write poems, sing songs and make music among the handsome flowers; drink wine or sip tea in the bright moon-shine; or fish in the lake! In short, they may enjoy themselves as much as they wish and take moderate relaxation. I am very glad, indeed, to share their enjoyment; and, therefore to make my purpose known. I call this garden the *"Kairaku-yen"*

Tempo, tenth year [1839], fifth month. All composed and written by Keizan [*nom-de-plume* of Rekko].

reasonable that Confucius agreed with the opinion of Sōten, one of his scholars, and that Mencius praised the proverb of the Ka dynasty!

What time, then, and what things are best for the latter method? The spring morning, when flowers are still sleeping in dew, and the autumn evening, when the moon has just uncovered her veil of cloud, are the best hours for the recreations of those who study. And hawking birds in the green summer fields, and chasing game in the bare winter woods, are the recreations best suited to those who cultivate military arts.

I have gone around through almost all parts of my province. I have visited many mountains and various rivers. To the west of the castle I have found an open spot, from which Mount Tsukuba is visible, and the quiet waters of Semba [lake] are seen from above. Yonder hills and knolls, which are concealed by white streaks of mist, and the neighboring country, mantled by a sheet of visit verdure, embellished with mingled tints of forests, are laid out just in one picture. On the mountains there are growing vegetables and thriving animals; and in the water beasts. Why such difference? "Human natures are much alike; but habits are quite different." The influence of habit is so powerful as sometimes to destroy the true nature. If men are accustomed to good things, they will become gentlemen: but, on the other hand, if they are cradled in bad habits, they will certainly become ruffians. Then it is beyond doubt that we should assiduously cultivate "the four virtues". (*shi-toku*), study "the six arts"(*rokugei*), and occupy ourselves with our own business.

Yet our bodies are under the control of natural laws, like other beings(things?); and the strength and capacity of each person is quite different. Therefore, alternate strain and relaxation are very necessary for the perfect development of body and mind. By striving to keep our minds in purity, and by nursing our virtues to perfection, we should the more develop and broaden our character, which is quite different from that of other creatures. And, by promoting our health and by pleasing our hearts, we should lengthen our lives which are not different from those others. Any person who keeps a good balance between these two ways can be called a good trainer of his body. Ah! then it was

Ⅲ. HISTORY OF THE KAIRAKU-YEN

translated

by

Ernest W. Clement

Over the heaven there hang the sun by day and the moon by night. On the earth rivers flow and mountains lie. Here all things, vegetable and animal, grow, thrive and propagate their species. This discharge of their functions is due to the positive and negative laws, which keep their own way, and to the cold and heat, which, coming alternately, never change their proper order. To take a more common illustration, if we wish to keep a bow in good condition, after we use it, we must take off the string. Likewise a strong blooded horse can not gallop many miles without stopping: unless we give him proper rest, he will soon become fatigued, or perhaps die.

Man is the most favored being, and is the highest and noblest of all creatures. But some are as pure and incorrupt as divinity; and some are as mean and ugly as

a time in the hands of the Mito family, but in Meiji 6, it was taken over by the Government, and renamed Tokiwa Kōyen, or Tokiwa Park.

◇◇◇

[Notes]

Ponsonby-Fane,Richard Arthur (1878-1937), Japanese name: 本尊美利茶道, born of noble birth in England.

In 1901, he visited Japan for the first time and developed a deep attachment to the country, the culture and the history.

On April 1925, he left Tokyo for Kyoto and after then he occupied himself on the study of the Imperial House of Japan as well as the old capital. But with the progress of his research, his interest gradually turned to Shinto and shrines.

On November 1937, his illness took a turn for the worst and on the tenth of December passed away.

His many works was published by the Ponsonby Memorial Society as "Dr.Ponsonby-Fane Series" [6 vols.]

(Y.Terunuma)

Ⅱ. THE KAIRAKU-EN

by

Dr.R.Ponsonby-Fane

The Kairakuyen renamed Tokiwa Park. Tokiwa was the name of one of 6 villages which were amalgamated to form the city of Mito, and the Kairakuyen was in Tokiwa. No more charming and at the same time more fitting site could have been chosen, for it was here, in Tempō 12 (1841), that Rekkō, then Lord of the fief, ordered some 35,000 *tsubo* to be laid out as pleasure gardens 遊息所 and here he established one after another, the Kairakuyen planted with several thousand plum trees, the Kōbuntei, 好文亭 and Rakujurō 楽寿楼. It must not be imagined that this was the act of an extravagant and pleasure loving ruler, for as the name Kairakuyen 偕楽園, or gardens for mutual pleasure, implies, it was not for his own self-indulgence, but for the people of Mito as a whole. The Kairakuyen proudly boasts of being the first public park in Japan. With the abolition of the feudal system in 1868 the Kairakuyen remained for changed to Iemochi after the Shogun title was appointed.

Nariaki again came into conflict with Ii Naosuke over the Harris Treaty signed in 1858. He and the samurai of the Sonnō-jōi faction criticized Ii Naosuke for signing it without the Imperial's approval. Consequently the bakufu ordered Nariaki to lifetime confinement in Mito. As for the samurai of the Sonnō-jōi faction, they were suppressed and executed as political offenders. This became known as "the Mass Execution of the Ansei Era". In 1860, indignant at the bakufu coercion, the Mito samurai resolutely carried out the plot for the assassination of Ii Naosuke known as "the Sakurada Incident".

On the 15th night of the eighth Lunar month, after five months of "the Sakurada Incident" in Edo, Nariaki ended his checkered career of sixty years in Mito.

circles. He was invited by the senior councillor (Rōju 老中) Abe Masahiro(1819-57), to the bakufu as an advisor on maritime defenses because the bakufu leaders were troubled with the strained foreign relations caused by the visit of the American fleet to Japan under Commodore Mattew C. Perry. Furthermore, Nariaki was in close touch with the affairs both inside and outside of the country during 1857-1858.

During this time the country suffered a succession dispute following the death of the 13th shogun, Iesada. Nariaki as a leader of the Hitotsubashi faction supported Hitotsubashi Yoshinobu(1837-1913), his seventh son, who had been adopted as head of the Hitotsubashi family. While Ii Naosuke(1815-60), the daimyō of the Hikone domain, as a leader of the Nanki faction, backed Tokugawa Yoshitomi (the daimyō of the Wakayama domain).

The power struggle ended when Ii Naosuke became a great elder (TAIRŌ 大老) and installed Yoshitomi as the 14th Tokugawa Shogun in 1858. Yoshitomi's name was

(3) the surveying of the land in the Mito domain

(4) the foundation of the Mito domanial school, Kodōkan

(5) the construction of Kairaku-en or also known as garden of mutual pleasure

(6) the increase of Gōkō (郷校), as the local branch schools of Kōdōkan (弘道館)

(7) the abolition of the Mito retainers' settlement in Edo

(8) the reforms of shrines and temples within the Mito domain

(9) the establishment of the Ujiko system and so on.

Nariaki because of his drastic reforms was dismissed from his post of daimyō and ordered into domiciliary confinement by the bakufu in 1844. The Mito retainers and the people persisted on pleading his innocence and started a campaign for removing the false charge on him. As a result, his domiciliary confinement was dispelled but until the year of 1849 his participation in the domanial administrations was prohibited.

In 1853 again Nariaki stood in the spotlight of the political

Exactly a hundred year after Mitsukuni's death, Tokugawa Nariaki was born as the third son of Harutoshi (the seventh daimyo of the Mito domain). Nariaki's childhood name was Torasaborō but was later changed three times: Keisaburō, Toshinori and finally Nariaki. He was also popularly known under the *nom de plume* of Keizan or Senryukaku. Beside these names he was given the posthumous name of Rekkō after his death.

In 1829, Nariaki, at the age of thirty, was installed as the ninth daimyō because his elder brother Narinobu (the eighth Mito daimyō) died. Nariaki, with his new position, initiated the administrative reforms in his domain and pushed his various projects to completion by the help of his many capable retainers such as Fujita Tōko, Aizawa Seishisai and others.

Some interesting examples of his administrative reforms are as follows:

(1) the promotion of frugality

(2) the completion of the coastal defense

Ⅰ. TOKUGAWA NARIAKI (1800-1860), THE NINTH MITO DAIMYO, LIVED IN THE DISTURBED PERIOD OF THE LATE TOKUGAWA SHOGUNATE.

by

Terunuma Yoshibumi

Tokugawa Mitsukuni(1628-1700), the second daimyō of the Mito domain, and Tokugawa Nariaki, the ninth daimyō of the Mito domain, have been equally admired as the two greatest lords of the successive Mito daimyōs. The former was especially known as a representative lord of the Mito domain in the constructive period of its domanial administration, as well as the founder of Shokokan (the institute where the Dai nihon shi or the History of Great Japan was compiled). Where the latter was distinguished as a leading figure of the then political circles with his positive attitude during the 1830s and 1860s, when Japan was confronted with the most difficult situations in her domestic and diplomatic policies.

〔APPENDIX〕

Ⅰ. TOKUGAWA NARIAKI（徳川斉昭）

by Terunuma Yoshibumi（照沼好文）

Ⅱ. THE KAIRAKU-EN（偕楽園）

by Dr.R.Ponsonby-Fane

This account quoted from "TOKIWA-JINNJA　常磐神社" [『ポンソンビ博士著作集』第5巻,1963], p.244.

Ⅲ. HISTORY OF THE KAIRAKU-YEN（偕楽園記）

translated by Ernest W. Clement

This translation quoted from "TOKUGAWA PRINCES OF MITO" written by Ernest W. Clement [日本アジア協会紀要　第18巻, 1890], pp.22-23.

著者略歴　安《あ》見《み》隆《たか》雄《お》

昭和33年３月　茨城県立水戸第一高等学校卒業
同37年３月　茨城大学文理学部文学科（史学専攻）卒業
同37年４月～　同県立高等学校教諭（多賀・高萩・日立第一・水戸第一の各校に勤務）
同59年４月～　同歴史館史料部史料室勤務（主任研究員・史料室長）
平成２年４月～　同県立高校教頭（那珂・那珂湊第二）
同６年４月～12年３月　同校長（下館第二・大洗・水戸第一）
同12年４月～16年３月　学校法人明秀学園日立高等学校校長
※主な役職等　水戸史学会副会長、㈶日本学協会評議員
茶道裏千家専任講師（茶名・宗隆）、足医術研究導所会員
※主要著書　『水戸光圀と京都』（水戸史学選書、錦正社、平成12年、400頁）
［現住所］　〒311-4145　茨城県水戸市双葉台２－40－11

水戸の碑文シリーズ５　水戸《みと》斉昭《なりあき》の『偕楽園記《かいらくえんのき》』碑文《ひぶん》

平成十八年七月一日　印刷
平成十八年七月十日　発行

定価：本体一二〇〇円（税別）

著　者　©安見隆雄
装丁者　吉野史門
発行所　水戸史学会
茨城県水戸市笠原町九七九―四二
（但野正弘方）
発売所　錦正社
〒一六二―〇〇四一
東京都新宿区早稲田鶴巻町五四四―六
電　話　〇三（五二六一）二八九一
ＦＡＸ　〇三（五二六一）二八九二
ＵＲＬ　http://www.kinseisha.jp/
印刷所　株式会社平河工業社
製本所　有限会社小野寺三幸製本

ISBN4-7646-0271-7

関連書のご案内

水戸の碑文シリーズ1

栗田寛博士と『継往開来』の碑文

照沼好文著　定価一四七〇円（本体一四〇〇円）

内藤耻叟撰文の『継往開来』の碑文を中心に、明治の碩学栗田寛博士の生涯についても述べた。その生涯と業績は、すべてこの碑文の中に濃縮されている。そして更に水戸史学への理解を！

水戸の碑文シリーズ3

水戸光圀の『梅里先生碑』

宮田正彦著　定価一二六〇円（本体一二〇〇円）

梅里先生碑陰の文は水戸光圀（義公）の自伝である。全文僅か二九九文字のものであるが、水戸光圀自身が、後世に残すつもりで書き記され、この中に水戸光圀七十三年の生涯のエキスが詰め込まれている。

水戸の碑文シリーズ4

原伍軒と『菁莪遺徳碑』

久野勝弥著　定価一二六〇円（本体一二〇〇円）

水戸偕楽園の一画に建つ原伍軒（原市之進）の顕彰碑『菁莪遺徳碑』の碑文によって藤田東湖亡き後の水戸藩を代表する人物・原伍軒の生涯と業績を解説し、その歴史的位置を考察する。

水戸の人物シリーズ6

藤田東湖の生涯

但野正弘著　定価一三六五円（本体一三〇〇円）

藩政改革の傑人の実像に迫る！

慶喜公に伝えられた義公（光圀）以来の遺訓は幕府最後の土壇場で見事な光を放ち日本国を守ることができた。その遺訓こそが水戸の心であり、藤田東湖のいう大義を明らかにして人心をただすにほかならなかった。

史跡めぐり

水戸八景碑

但野正弘著　定価一〇五〇円（本体一〇〇〇円）

その地に立てば、烈公徳川斉昭の選定眼の確かさと詩心の豊かさとをしみじみ感じさせてくれる。今、見直される藩士の身心を鍛えた天保のウォークラリー。

是非、水戸の史跡めぐりを！

青柳夜雨・山寺晩鐘・太田落雁・村松晴嵐

水門帰帆・巌船夕照・広浦秋月・僊湖暮雪

〔発行　水戸史学会・発売　錦正社〕

※定価は消費税5％込

錦　正　社

〒一六二－〇〇四一　東京都新宿区早稲田鶴巻町五四四－六

電話〇三（五二六一）二八九一　FAX〇三（五二六一）二八九二